Helga Grillmayr, Birgit Ranacher, Verband der Diaetologen Österreichs

Die österreichische
Diabetiker-Küche

Kochen · Backen · Desserts

Sonderausgabe für A&M, Salzburg – www.AuM.at

Lektorat: Inge Krenn
Fotos: Fotostudio Riedmann
Grafik: Barbara Schneider-Resl
Druck und Bindung: Druckerei Theiss GmbH, A-9431 St. Stefan

ISBN 3-902509-02-3

Helga Grillmayr

Birgit Ranacher

Verband der Diaetologen Österreichs

Die österreichische

DIABETIKER-Küche

Kochen ● Backen ● Desserts

Inhaltsverzeichnis

Tipps zur Verwendung dieses Buches

Nährwertangaben

Als Grundlage für die Nährwertangaben bei den einzelnen Rezepten diente: Prof. Dr. I. Elmadfa, Die große GU Nährwert-Kalorien-Tabelle 2002/2003, Gräfe und Unzer Verlag, München 2002

Verwendete Abkürzungen:

kcal .... Kilokalorien
kJ .... Kilojoule
EW .... Eiweiß
F .... Fett
KH .... Kohlenhydrate
BE .... Broteinheiten
g .... Gramm
mg .... Milligramm
ml .... Milliliter
µg .... Mikrogramm
l .... Liter
TL .... Teelöffel
EL .... Esslöffel
Pkg. .... Packung
Stk. .... Stück
Bd. .... Bund

Bewusstes und vernünftiges Essen

Bewusst und mit Genuss essen verhilft Ihnen zu Freude am Essen und bedeutet für viele auch Lebensqualität. Denn Essen ist mehr als nur die Versorgung mit lebensnotwendiger Energie und Nährstoffen.

Verzehrt man „ungünstige Lebensmittel" immer wieder mit schlechtem Gewissen, verliert man über kurz oder lang das natürliche Verhältnis zum Essen. Jeder Bissen hat dann einen bitteren Beigeschmack – den Geschmack des Verbotenen.

Wenn Sie den natürlichen Umgang mit Essen verloren haben, überprüfen Sie Ihre Essgewohnheiten. Es gibt keine verbotenen Lebensmittel, es gibt nur ein Zuviel.

Mit viel Lust und Genuss verbunden, kann Essen etwas sehr Schönes sein. Horchen Sie in Ihren Körper hinein, erkennen Sie Ihre Bedürfnisse und versuchen Sie, diese mit Ihrem Speiseplan abzustimmen.

Von allen Lebensmittelgruppen in Maßen zu essen ist wichtig. Denn nur so nimmt man genügend von allen lebensnotwendigen Nährstoffen und anderen wichtigen Nahrungsbestandteilen zu sich. Eine ausgewogene, kalorienreduzierte und kohlenhydratreiche Mischkost mit einem hohen Anteil an Ballaststoffen ist die Empfehlung einer gesunden Ernährung für alle, nicht nur für Menschen mit Diabetes.

Essen Sie mit Freude, probieren Sie neue Rezepte aus und lassen Sie sich von der Vielfältigkeit der Speisen und dem großen Angebot an Lebensmitteln inspirieren. Ihr Essen soll Ihnen ausgezeichnet munden und Ihnen ein Gefühl des Genusses bereiten. Seien Sie wählerischer bei der Nahrungsauswahl und machen Sie „Qualität vor Quantität!" zu Ihrem Motto.

Erst nach ca. 20 Minuten erhält das Gehirn die ersten Sättigungssignale vom Verdauungstrakt. In dieser Zeit ist der schnelle Esser schon mit der ersten Portion fertig. Er ist aber immer noch nicht satt und holt sich noch einmal einen Nachschlag. Somit hat er zusätzlich viele unnötige Kalorien aufgenommen. Deshalb: Nehmen Sie sich viel Zeit, essen Sie langsam und kauen Sie gut. Wer alles nur hinunterschlingt, der hat sich selbst um den Genuss gebracht.

Essen Sie mit allen Sinnen!

Ihre Geschmacksnerven und Ihr Geruchssinn brauchen Zeit, um die vielfältigen Aromen der Speisen und Gewürze aufzunehmen.

Legen Sie das Besteck von Zeit zu Zeit aus der Hand und trinken Sie genüsslich einen Schluck. Spüren Sie die angenehme Atmosphäre während des Essens. Essen Sie weiter, schließen Sie hin und wieder die Augen und erforschen Sie Ihre Eindrücke. Kommen angenehme Erinnerungen auf oder sind es ganz neue Geschmackserfahrungen, die Sie erleben? Lassen Sie langsam und genießerisch jeden einzelnen Bissen auf der Zunge zergehen und freuen Sie sich über das gute Essen und die positiven Eindrücke.

Wer genießt, hat mehr vom Leben – fangen Sie noch heute damit an!

Was ist Diabetes?

Diabetes mellitus (Zuckerkrankheit) bedeutet „honigsüßer Durchfluss". Der Begriff deutet auf ein seit Jahrhunderten bekanntes Anzeichen dieser „chronischen Stoffwechselstörung" hin, nämlich das Ausscheiden von Zucker im Harn bei erhöhten Blutzuckerwerten.

Bei Diabetes mellitus steht die Störung des Kohlenhydratstoffwechsels im Vordergrund, aber auch andere Stoffwechselfunktionen können davon betroffen sein (z. B. der Fett- und Eiweißstoffwechsel).

Immer mehr Menschen erhalten die Diagnose Diabetes mellitus. In Österreich sind etwa 500.000 Menschen davon betroffen.

Man unterscheidet vor allem Typ-1- und Typ-2-Diabetes, es gibt auch einige Sonderformen, wie z. B. den Schwangerschaftsdiabetes (Gestationsdiabetes). Der Großteil der Betroffenen (80 bis 90 Prozent) hat Typ-2-Diabetes.

Die Behandlung der beiden Diabetesformen unterscheidet sich dadurch, dass der Typ-1-Diabetiker von Anfang an einen Insulinmangel hat und unbedingt Insulin spritzen muss. Der Typ-2-Diabetiker hat anfangs eine Insulinresistenz, das heißt, das vorhandene Insulin kann nicht so gut wirken. In beiden Fällen soll auf eine gesunde, ausgewogene Ernährung, ausreichende körperliche Bewegung, gute Stoffwechsel-Einstellung mit Medikamenten oder Insulin sowie eine regelmäßige Selbstkontrolle und Kontrolle durch den Arzt geachtet werden. Bei übergewichtigen Diabetikern steht die Reduktion des Körpergewichtes im Vordergrund, da sich dadurch die Blutzuckerwerte, der Bluthochdruck, Blutfette und die Harnsäure verbessern.

Insulin

Insulin wird in der Bauchspeicheldrüse (Pankreas) von den Langerhans'schen Inselzellen gebildet. Steigt der Blutzuckerspiegel durch eine Mahlzeit an, wird Insulin ins Blut ausgeschüttet. Die Hauptaufgabe des Insulins ist, den Traubenzucker aus dem Blut (= Blutzucker) in die Zellen des Körpers einzuschleusen, wo er entweder zur Energiegewinnung genutzt oder gespeichert wird. Dieser Insulinmechanismus ist beim Diabetiker gestört. Die insulinabhängigen Zellen können den Zucker nicht aufnehmen. In diesen Zellen tritt ein Zuckermangel auf, obwohl im Blut eine zu hohe Zuckerkonzentration (Blutglucose) herrscht.

Die Leber spielt auch eine große Rolle, da sie selbst Zucker speichern und wieder zur Verfügung stellen kann. Sie gibt Zucker an das Blut ab, dadurch wird der ohnehin schon hohe Blutzucker noch weiter erhöht.

Die wichtigsten zwei Diabetesarten

Typ-1-Diabetes

Körpereigene Abwehrkräfte zerstören beim Typ-1-Diabetiker die Insulin produzierenden Zellen der Bauchspeicheldrüse. Es kommt zu einem absoluten Insulinmangel, deshalb muss das fehlende Insulin von außen zugeführt werden. Da Insulin ein Hormon ist und somit aus Eiweiß besteht, kann man es nicht in Form einer Tablette schlucken – das Insulin würde durch die Verdauungssäfte zerstört werden.

Der Krankheitsverlauf beginnt oft rasch und dramatisch und tritt meist im Kindes- und Jugendalter auf. Aber auch im fortgeschrittenen Alter kann man die Diagnose Diabetes Typ 1 erhalten.

Typ-2-Diabetes

Das vorhandene Insulin kann meist nicht richtig wirken, es besteht eine so genannte Insulinresistenz. Diese Unempfindlichkeit gegenüber Insulin ist erblich, wird aber durch einige Faktoren wie Übergewicht, zu fettreiches bzw. falsches Essen und Bewegungsmangel verstärkt.

Gewichtsabnahme, richtige Ernährung und körperliche Bewegung führen zu einer wesentlichen Verbesserung der Stoffwechsellage.

Kann jedoch durch Ernährungsumstellung und körperliche Aktivität keine Verbesserung bzw. keine zufrieden stellende Stoffwechseleinstellung mehr erzielt werden, müssen zusätzlich Medikamente (Tabletten oder Insulin) eingesetzt werden.

Diese Diabetesart wird auch als Wohlstandserkrankung bezeichnet. Oft haben Typ-2-Diabetiker eine Kombination aus Übergewicht, Bluthochdruck, erhöhten Blutfettwerten und erhöhtem Blutzucker. Dies wird als Metabolisches Syndrom bezeichnet und ist ein hoher Risikofaktor für einen Herzinfarkt oder Schlaganfall.

Übersicht der zwei wichtigsten Diabetesarten

	Typ 1	**Typ 2**
Ursache	Insulinmangel	Insulinresistenz
Alter des Auftretens	meistens unter dem 30. Lebensjahr	meistens über dem 40. Lebensjahr
Gewicht	normalgewichtig	meistens übergewichtig
Therapie	unbedingt Insulin	Gewichtsreduktion Bewegung medikamentöse Behandlung (Tabletten/Insulin)
Ernährungsempfehlungen	vollwertige Mischkost mit Abschätzen der Kohlenhydratmenge (BE)	fettreduzierte, ballaststoffreiche Mischkost mit Berücksichtigung der Kalorienmenge
Selbstkontrolle	notwendig	notwendig
Schulung	notwendig	notwendig

Zeichen für erhöhten Blutzucker

Bei hohen Blutzuckerwerten können folgende Beschwerden und Symptome auftreten:

- vermehrtes Harnlassen
- starkes Durstgefühl
- trockene Haut und Juckreiz
- Müdigkeit, Abgeschlagenheit
- Veränderung des Sehvermögens
- langsam heilende Wunden

Da der Zucker im Harn gelöst wird, wird viel Flüssigkeit aus dem Körper gezogen, es kommt dadurch zu erhöhten Harnmengen und häufigem Wasserlassen. Dieser Wasserverlust verstärkt wiederum das Durstgefühl. Auch die Haut trocknet aus, das verursacht häufig einen starken Juckreiz.

Die Zellen können die Energie, in Form von Zucker, nicht verwerten, man fühlt sich kraftlos, schlapp und müde. Durch den erhöhten Blutzucker kommt es auch zu Veränderungen des Sehvermögens, diese akute Beeinträchtigung legt sich, wenn der Blutzucker wieder im Normalbereich ist.

Normale Blutzuckerwerte

Der Blutzuckerspiegel liegt bei Nichtdiabetikern nüchtern bei 60–110 mg/dl und nach dem Essen nicht über 140 mg/dl. Sind die Blutzuckerwerte knapp über diesem Bereich, spricht man von gestörtem Glucosestoffwechsel, liegen sie höher, von Diabetes mellitus.

HbA1c-Wert

Der HbA1c gibt Auskunft über die Blutzuckerstoffwechsellage der letzten sechs bis acht Wochen. Der rote Blutfarbstoff (Hämoglobin) kann Zuckermoleküle an sich binden. Je mehr Zucker sich in der Blutbahn befindet, desto mehr Zuckermoleküle hängen sich an das Hämoglobin. Das heißt, je höher der HbA1c-Wert ist, desto höher war der durchschnittliche Blutzucker in den letzten sechs bis acht Wochen. (Bei Gesunden liegt der HbA1c-Wert unter ca. sechs Prozent).

Nierenschwelle

Wenn der Blutzucker über ca. 160–180 mg/dl ansteigt (= Nierenschwelle), kann der Körper den Zucker nicht richtig verarbeiten und er wird über den Harn ausgeschieden (Harnzucker).

Hypoglykämie (Unterzuckerung)

Wenn der Blutzucker unter 50 mg/dl absinkt, tritt eine Unterzuckerung (Hypo) auf. Unterzuckerungen können individuell unterschiedlich empfunden und wahrgenommen werden.

Anzeichen dafür sind:

- Zittern
- Herzklopfen
- Konzentrationsstörungen
- Schwitzen
- Heißhunger
- Müdigkeit
- Aggressivität ...

Um den Blutzucker wieder anzuheben, muss man rasch wirksame Kohlenhydrate zu sich nehmen (z. B. Traubenzucker, gezuckerte Limonaden ...).

Diabetische Begleiterscheinungen

Durch eine gute Therapie können diabetische Begleiterscheinungen und Folgeerkrankungen vermieden bzw. eingeschränkt und hinausgezögert werden.

Besonders betroffen sind große und kleine Blutgefäße (Makroangiopathie und Mikroangiopathie), Nerven (Neuropathie), Augen (Retinopathie), Nieren (Nephropathie) und Füße (Diabetischer Fuß).

Cholesterin

Jahrelang erhöhter Blutcholesterinspiegel führt zu Ablagerungen und Veränderungen der Gefäßwände, dadurch sind Herz-Kreislauf-Erkrankungen begünstigt. Durch richtige Ernährung, mehr Bewegung und veränderten Lebensstil kann dieses Risiko gesenkt werden. Gegebenenfalls muss der Arzt über eine zusätzliche medikamentöse Therapie entscheiden.

Bei der Diabetestherapie darf auch auf die optimale Einstellung des Blutdruckes nicht vergessen werden.

Eine gute Stoffwechseleinstellung erhöht die Lebensqualität und Lebensfreude.

Diabetesblume Empowerment Selbstmanagement

Lange Zeit konnten Ärzte es sich nicht vorstellen, dass die Diabetiker selbstständig ihre Therapie mitbestimmen. Blutzucker-Selbstkontrollen traute man ihnen nicht zu, und das eigenverantwortliche Dosieren des Insulins durch den Diabetiker war unvorstellbar.

Diese Einstellung hat sich grundlegend geändert. „Empowerment" und „Selbstmanagement" sind zwei wichtige neue Ansätze in der Diabetesbehandlung. Für diese beiden Begriffe gibt es keine treffenden deutschen Übersetzungen. Empowerment und Selbstmanagement stehen für eine neue moderne Schulungsphilosophie, die nicht versucht, richtige und falsche Wege der Lebensführung zu vermitteln, sondern Hilfe zur Selbsthilfe gibt, damit jeder seinen eigenen individuellen Weg im Umgang mit Diabetes finden kann.

„Dem Diabetesteam wird die Rolle der Experten bezüglich der Erkrankung zugedacht, der Patient wird als Experte seines Lebens angesehen." (Diplom-Psychologe Bernhard Kulzer, Diabetes-Zentrum Mergentheim, Deutschland)

Um möglichst eigenständig und verantwortungsbewusst mit Diabetes und der entsprechenden Therapie umzugehen, muss jeder aktiv bei der Langzeitbehandlung „seines Diabetes" mitarbeiten. Nur so können die gesteckten Ziele mit Erfolg erreicht werden.

Damit die Empfehlungen der Diabetesbehandlung bezüglich richtiger Ernährung, regelmäßiger Bewegung, notwendiger Selbstkontrollen und medikamentöser Therapie umgesetzt werden können, muss auf die individuelle Lebenssituation, die Bedürfnisse, die Möglichkeiten und die Interessen jedes Einzelnen Rücksicht genommen werden. Vor allem darf aber auf die psychische Belastung und die oft schwierige Veränderung der Lebensgewohnheiten nach der Diagnosestellung nicht vergessen werden.

Ein gut ausgebildetes Diabetesteam, bestehend aus Arzt, DiabetesberaterIn bzw. -schwester, DiätassistentIn & EMB und PsychologIn, ist für eine optimale Betreuung notwendig.

Die Diabetesblume stellt alle Bereiche, die berücksichtigt werden müssen, symbolisch dar.

Wie bei jedem Menschen gibt es auch beim Diabetiker schöne und weniger schöne Tage, Sonnenschein und Wolkenbruch. Diese „Regentage" sind ebenfalls notwendig, um sich neu zu motivieren, z. B. eine Schulung zu besuchen oder bei einer Selbsthilfegruppe aktiv zu werden.

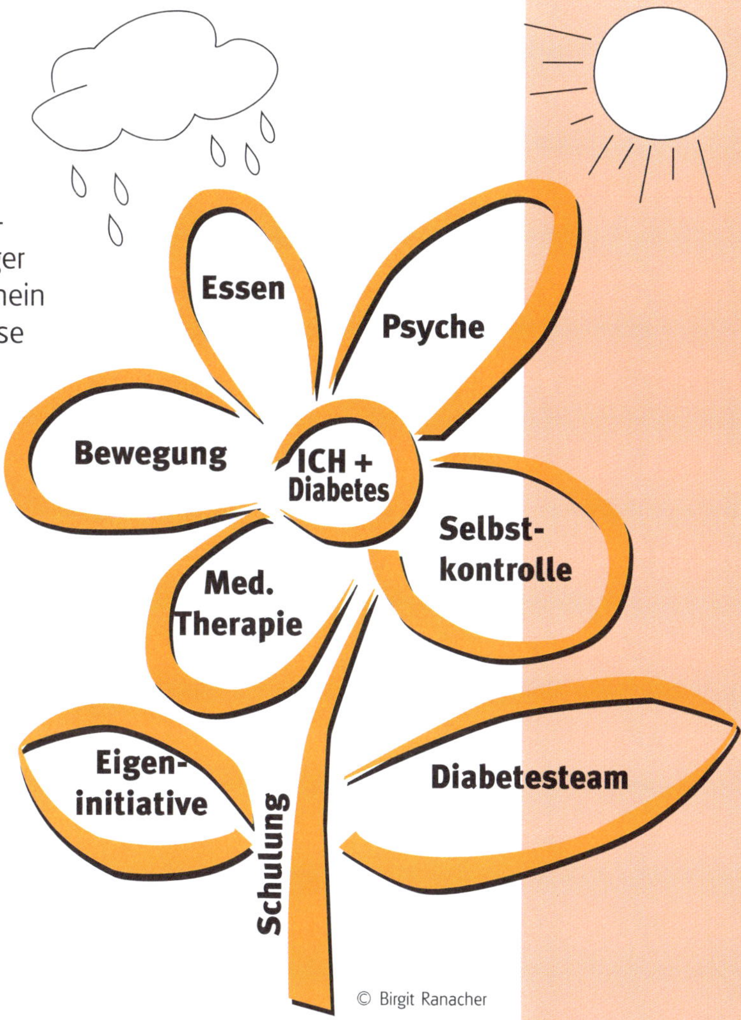

Energiebedarf

Bei Menschen mit Diabetes ist es besonders wichtig, das Normalgewicht zu halten bzw. zu erreichen. Die richtige Energiezufuhr ist dabei mitentscheidend.

Normalgewicht

Broca-Index: Körpergröße in cm minus 100

Beispiel: Körpergröße 1,70 m
170 (cm) – 100 = 70 (kg) Normalgewicht nach Broca

BMI: Body-Mass-Index

Genauer kann man das Gewicht mit dem BMI berechnen.

Beispiel: Körpergröße 1,70 m, Körpergewicht 70 kg
70 (kg) : $1{,}70^2$ (m) = 70 : 2,89 = 24,22

BMI (Body-Mass-Index)

$$\text{BMI} = \frac{\text{Körpergewicht in kg}}{\text{Körpergröße in Meter zum Quadrat}} = \frac{\text{kg}}{(\text{m})^2}$$

Normalgewicht:	Frauen: BMI 19–24, Männer: BMI 20–25
leichtes Übergewicht:	Frauen: BMI 25–30, Männer: BMI 26–30
starkes Übergewicht:	ab BMI 30

Bei der Beurteilung des Gewichtes mit dem BMI wird nicht berücksichtigt, ob es sich um Fettmasse oder Muskelmasse handelt.

Energieberechnung

Der tägliche Gesamtenergiebedarf errechnet sich aus **Grundumsatz und Leistungsumsatz.**

Der Grundumsatz ist jene Energie, die man zur Aufrechterhaltung der Organfunktionen bei völliger Ruhe benötigt.

Berechnung des Grundumsatzes

1 kcal pro kg Normalgewicht und Stunde

Beispiel: Körpergröße 1,70 m (Normalgewicht nach Broca = 70 kg)
1 (kcal) x 70 (kg) x 24 (Stunden) = 1680 kcal/Tag (= Grundumsatz)

Berechnung des Leistungsumsatzes

Für körperliche Betätigungen braucht der Körper zusätzlich Energie (Leistungsumsatz bzw. Arbeitsumsatz).

Leistungsumsatz:

- für leichte Arbeit (Büroarbeit, sitzende Fließbandarbeit ...)
  1/3 des Grundumsatzes
- mittelschwere Arbeit (Hausfrau, Maler ...)
  2/3 des Grundumsatzes
- schwere Arbeit (Bauarbeiter, Leistungssportler ...)
  3/3 des Grundumsatzes

Energiebedarf = Grundumsatz + Leistungsumsatz

Beispiel: Körpergröße 1,70 m, Körpergewicht 70 kg (= Normalgewicht)
Lkw-Fahrer (ohne körperliche Anstrengung)

Energiebedarf: Grundumsatz + 1/3 Leistungsumsatz
Grundumsatz: 1 (kcal) x 70 (kg) x 24 (Stunden) = 1680 kcal/Tag
Leistungsumsatz: 1/3 1680 kcal : 3 = 560 kcal
Energiebedarf: 1680 kcal + 560 kcal = 2240 kcal

Sie nehmen ab, wenn Sie 500 kcal pro Tag weniger als Ihren Gesamtenergiebedarf aufnehmen. Jedoch sollten Sie 1200 kcal pro Tag nicht unterschreiten.

Planen Sie eine langfristige Lebensstiländerung mit einer Ernährungsumstellung und viel körperlicher Bewegung. Wenn Sie pro Woche 1/2 kg Gewicht verlieren, ist es ein toller Erfolg. Nur eine langsame und kontinuierliche Gewichtsabnahme garantiert, dass Sie Ihr Gewicht auch halten können.

Nährstoffe

Unsere Nahrung besteht aus:

- Nährstoffen
  - Kohlenhydrate
  - Fett
  - Eiweiß (Proteine)
- Vitaminen
- Mineralstoffen und Spurenelementen
- sekundären Pflanzenstoffen
- Wasser

Die Energie der Nährstoffe wird in Kilokalorien ausgedrückt.

Die ideale Nährstoffverteilung

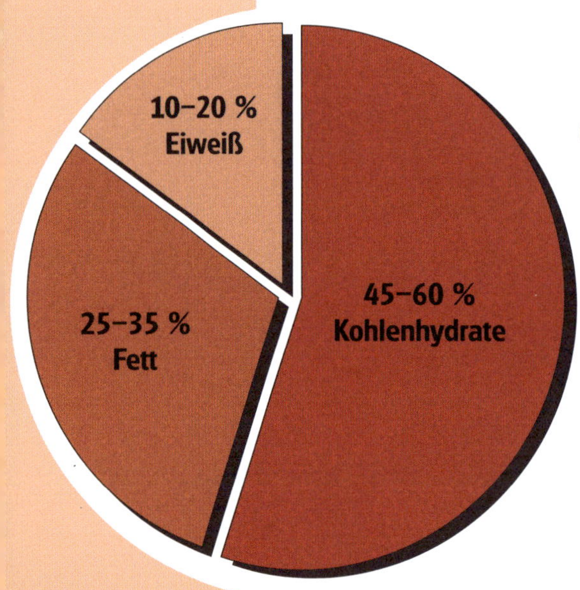

Gesamtenergie = 100 %

davon:

45–60 % Kohlenhydrate (KH)
25–35 % Fett (F)
10–20 % Eiweiß = Protein (EW)

1 g KH	liefert	4 kcal (17 kJ)
1 g F	liefert	9 kcal (37 kJ)
1 g EW	liefert	4 kcal (17 kJ)
1 g Alkohol	liefert	7 kcal (29 kJ)

Kohlenhydrate (KH)

(45–60 % der Gesamtenergiemenge)

Je nach Zusammensetzung unterscheidet man

Einteilung	Arten
Einfachzucker (Monosaccharide)	Traubenzucker = Glucose Fruchtzucker = Fructose Schleimzucker = Galaktose
Doppelzucker (Disaccharide)	Haushaltszucker = Saccharose (Rohr- u. Rübenzucker) Milchzucker = Lactose Malzzucker = Maltose
Mehrfachzucker (Polysaccharide)	Stärke Pektin Zellulose Inulin

Kohlenhydrate sind Nahrungsbestandteile, die bei der Verdauung zu Zucker, genauer zu Traubenzucker, abgebaut werden und den Blutzucker ansteigen lassen. Mithilfe von Insulin wird der Blutzucker in die Körperzelle gebracht und in Energie umgewandelt. In einigen Lebensmitteln sind die Kohlenhydrate schon als Zucker enthalten. In allen pflanzlichen Nahrungsmitteln kommen Kohlenhydrate mehr oder weniger vor, bei tierischen Produkten sind sie vor allem in Milch und Milchprodukten (außer Topfen und Käse).

Je nach Nahrungsmittel liegen die Kohlenhydrate in unterschiedlicher Form vor:

- zum Beispiel in Obst als Gemisch von Traubenzucker und Fruchtzucker (je nach Obstsorte sind die Anteile der einzelnen Zuckerarten unterschiedlich)
- in Milch, Joghurt, Buttermilch, Molke (auch in Magerprodukten) als Milchzucker
- in Getreideprodukten wie Mehl, Brot, Nudeln, Reis, Kartoffeln, Hülsenfrüchten vor allem als Stärke und Zellulose
- in vielen süßen Nahrungsmitteln wie Kuchen, Süßwaren, Schokolade als Zucker

Glykämischer Index (GI)

Die Zufuhr von Kohlenhydraten beeinflusst direkt den Blutzucker. Die verschiedenen Kohlenhydrate (Einfachzucker, Zweifachzucker und Mehrfachzucker) gehen unterschiedlich schnell ins Blut.

Der Glykämische Index (GI) gibt die blutzuckersteigernde Wirkung von verschiedenen Lebensmitteln und Speisen an. Der GI von Traubenzucker hat den Wert 100 Prozent erhalten und gilt als Bezugsgröße für alle anderen kohlenhydrathältigen Nahrungsmittel. Je niedriger der GI ist, desto langsamer steigt der Blutzucker, das wiederum bewirkt günstigere, stabilere Blutzuckerwerte.

hoher Glykämischer Index (ca. 75–100 %)
„schießen" bzw. „strömen" ins Blut:
Traubenzucker, Honig, Haushaltszucker, zuckerhältige Getränke, Fruchtsäfte, Weißbrot, Instantkartoffelpüree ...

mittlerer Glykämischer Index (ca. 50–75 %)
„fließen" ins Blut:
Kartoffeln, Reis, Teigwaren, Mischbrot, Haushaltszucker ...

niedriger Glykämischer Index (ca. 30–50 %)
„sickern" bzw. „tropfen" ins Blut:
Hülsenfrüchte, Gemüse, Vollkornprodukte, fettarme Milchprodukte, Obst ...

Der GI gilt nur für „isolierte" Nahrungsmittel. Die meisten Mahlzeiten bestehen jedoch aus Nahrungsmittelkombinationen.

Die Aufnahmegeschwindigkeit (Resorptionsgeschwindigkeit) ist unter anderem abhängig von

- der Kohlenhydratart (Einfach-, Zweifach- oder Mehrfachzucker)
- der Zusammensetzung der Speisen (Ballaststoffanteil, Fettgehalt ...)
- dem Verarbeitungsgrad (roh, gekocht, zerkleinert ...) – so geht z. B. Apfelsaft schneller ins Blut als ein ganzer Apfel
- der Flüssigkeitszufuhr (die Magentätigkeit wird durch mehr Flüssigkeit/größeres Volumen angeregt)
- der Menge bzw. der Größe der Mahlzeit (gegessener Kohlenhydrate)
- Essgewohnheiten (wie schnell man isst, wie gut man kaut ...).

Broteinheiten (BE)

Für übergewichtige Typ-2-Diabetiker, die mit Ernährung, Bewegung bzw. mit Tabletten (die keine Unterzuckerung hervorrufen können) therapiert werden, ist es sinnvoll, durch richtige Speisenauswahl die Kalorienmenge auf den individuellen Bedarf anzupassen.

Die wichtigste Therapiemaßnahme ist die Gewichtsabnahme durch Fettreduktion. Wenn jedoch die Kohlenhydrate eingeschränkt werden, erhöht sich automatisch der Anteil an Nahrungsfett. Diabetiker, die mit Medikamenten, die eine Unterzuckerung verursachen können, behandelt werden (z. B. Sulfonylharnstoffe), sollten unbedingt fünf bis sechs kalorienarme, kohlenhydrathältige Mahlzeiten pro Tag essen. Genaue BE-Berechnungen sind nur bei einer Insulintherapie notwendig.

Eine Broteinheit ist die Menge eines kohlenhydrathältigen Lebensmittels, in der zehn bis zwölf Gramm verfügbare Kohlenhydrate enthalten sind.

Nahrungsmittel,	
die in BE berechnet werden:	**die nicht in BE berechnet werden:**
	(sie enthalten keine Kohlenhydrate bzw. der Blutzucker wird durch die geringe Menge kaum beeinflusst)
· Getreide und Getreideprodukte (Mehl, Vollkornmehl, Reis, Nudeln, Brot, Beilagen ...)	· Gemüse (Karotten, grüner Salat, Zucchini, Pilze ...), außer Mais und Gemüsesäfte
· Kartoffeln (Salzkartoffeln, Petersilkartoffeln, Bratkartoffeln, Püree ...)	· Hülsenfrüchte (Erbsen, Bohnen, Linsen, Sojabohnen)
· Mais (Zuckermais), Gemüsesäfte	· Fleisch und Wurstwaren (Rindschnitzel, Kalbsbraten, Schinken ...)
· Obst und Obstprodukte (Apfel, Banane, Obstsaft, Kompott ...)	· Geflügel (Hendl, Putenschnitzel, Putenwurst ...)
· Milch und flüssige Milchprodukte (Vollmilch, Magermilch, Joghurt ...)	· Fisch (Forelle, Scholle, Dorsch ...)
· Zucker und zuckerhältige Nahrungsmittel (Honig, Schokolade ...)	· Ei (Hühnerei, Entenei, Gänseei ...)
· Zuckeraustauschstoffe und daraus hergestellte Produkte (Diabetikersüßigkeiten)	· Öl, Butter, Margarine
	· Käse und Topfen (Schnittkäse, Streichkäse, Topfenaufstriche ...)
	· Süßstoffe

1 Broteinheit (BE) = 10–12 g Kohlenhydrate

Die Broteinheit ist eine Berechnungshilfe bzw. eine Schätzeinheit. Sie erleichtert die Bestimmung der ungefähren Kohlenhydratmenge in einem Lebensmittel.

Lebensmittel, die Kohlenhydrate enthalten, werden in Form einer BE-Tabelle bzw. Kohlenhydrataustauschtabelle aufgelistet (siehe Anhang).

Berechnung der individuellen BE-Menge

Beispiel:
Gesamtenergiebedarf 2240 kcal

Kohlenhydrate sollen ca. 50 % des Gesamtenergiebedarfs ausmachen:
d. h. 50 % von 2240 kcal = 1120 kcal

1 g KH = 4 kcal:

deshalb 1 g KH = 4 kcal
? g KH = 1120 kcal 1120 : 4 = 280 g Kohlenhydrate

d. h. bei einer Gesamtenergiemenge von 2240 kcal soll man ca. 280 g Kohlenhydrate essen. Wie viel BE sind das?

12 g KH sind 1 BE

deshalb 12 g KH 1 BE
280 g KH ? BE 280 : 12 = ca. 23 BE

Faustregel

Wenn man den Gesamtenergiebedarf durch 100 teilt, erhält man ca. die BE-Menge. (2240 kcal : 100 = ca. 23 BE)

Die angeführte Formel ist nur eine theoretische Grundlage zur Berechnung des BE-Bedarfs und bildet lediglich einen Anhaltspunkt. Die BE-Verteilung soll sich jedoch nach den individuellen und persönlichen Bedürfnissen richten.

(Wenn Sie abnehmen wollen, müssen Sie den Gesamtenergiebedarf niedriger annehmen (mindestens 1200 kcal bzw. 12 BE).

Ballaststoffe

Ballaststoffe sind Bestandteile pflanzlicher Zellen. Sie gehören eigentlich zu den Kohlenhydraten, aber die menschlichen Verdauungssäfte können sie nicht so aufspalten, dass sie ins Blut aufgenommen werden können.

Der Begriff Ballaststoffe stammt noch aus der Zeit, als angenommen wurde, dass sie einen entbehrlichen „Ballast" darstellen und eigentlich überflüssig sind. Heute weiß man aber, dass Ballaststoffe, auch Faserstoffe genannt, einige wichtige Funktionen im Organismus ausüben:

- ballaststoffreiche Lebensmittel verlangsamen den Anstieg des Blutzuckers und entschärfen dadurch Blutzuckerspitzen.
- Ballaststoffe sind verdauungsfördernd.
- ballaststoffreiche Speisen bewirken ein höheres Sättigungsgefühl, unterstützen so das Abnehmen.
- Ballaststoffe helfen, Cholesterin zu senken.

Mit zunehmendem Wohlstand wurden in den Industrieländern aber nicht nur ballaststoffreiche pflanzliche Lebensmittel durch ballaststoffärmere ersetzt, auch die erhöhte Aufnahme von tierischen Produkten anstelle von pflanzlichen bewirkte eine Abnahme der Ballaststoffzufuhr. Vor allem in Gemüse, Salat, Hülsenfrüchten, Obst und Vollkornprodukten sind Ballaststoffe enthalten.

Ballaststoffgehalt (g/100 g)

Weißbrot / Semmel	3 g
Weizenmischbrot	4,6 g
Weizenvollkornbrot	8,4 g
Roggenmischbrot	6,2 g
Roggenbrot	6,5 g
Roggenvollkornbrot	8,1 g
Knäckebrot	14 g
Nudeln	3,4 g
Vollkornnudeln	8 g
Naturreis roh	2,2 g
Reis poliert roh	1,4 g
Gemüse:	
Broccoli	3 g
Fisolen	1,9 g
Erbsen frisch	5,2 g
Karfiol	2,9 g
Kartoffeln	2,1 g
Karotten	3,4 g
Obst:	
Ananas	1,5 g
Äpfel	2 g
Bananen	1,8 g
Birnen	3,3 g
Erdbeeren	1,6 g
Himbeeren	4,7 g
Kirschen	1,3 g
Marillen	1,5 g
Orangen	1,6 g
Pfirsiche	1,9 g
Ribisel Schwarz	6,8 g
Zwetschken	1,6 g

Aus: „Die große GU Nährwert-Kalorien-Tabelle"

Ballaststoffaufnahme

Im Durchschnitt werden 15–20 g Ballaststoffe aufgenommen, die Empfehlung lautet aber: mindestens 30 g Gesamtballaststoffe/Tag. Davon sollte mindestens die Hälfte aus Getreideprodukten stammen. Jedoch brauchen sie zum Quellen Flüssigkeit, deshalb auf ausreichende Trinkmenge achten (mindestens 1,5 bis 2 Liter pro Tag).

Die Wirkung der Ballaststoffe

Schon im Mund werden ballaststoffreiche Nahrungsmittel und Speisen automatisch länger gekaut, deshalb fühlt man sich schneller satt. Im Magen bleibt das Essen etwas länger liegen und wird in kleineren Mengen an den Dünndarm weitergegeben. Dadurch kommen über einen längeren Zeitraum verteilt kleinere Portionen an Kohlenhydraten in den Blutkreislauf und der Blutzuckeranstieg wird verzögert.

Im Dünndarm werden Gallensäuren, die aus Cholesterin bestehen, von Ballaststoffen gebunden und ausgeschieden. Da unser Körper aber Gallensäure für die Verdauung benötigt, verwendet er Cholesterin aus dem Blutkreislauf, um neue Gallensäuren herzustellen. Somit wird der Cholesterinspiegel gesenkt.

Eine ballaststoffreiche Kost beschleunigt die Verdauung, denn im Darm quellen sie auf und nehmen an Volumen zu. Sie üben dadurch einen Dehnungsreiz auf die Darmwand aus. Diese reagiert darauf mit rascheren Bewegungen in Richtung Darmausgang. Deshalb sollte man, wie bereits erwähnt, bei ballaststoffreicher Ernährung immer viel trinken, mindestens 1,5 bis zwei Liter pro Tag. Sonst kann das Gegenteil passieren: Die Ballaststoffe können nicht quellen, verklumpen und verstopfen erst recht.

Fett (F)

(25–35 % der Gesamtenergiemenge)

Fett ist ein sehr konzentrierter Energielieferant. Wird regelmäßig zu viel Fett aufgenommen, vergrößert sich der Speicher im Unterhautfettgewebe und es entsteht Übergewicht. Es dient ferner als Ausgangssubstanz von Hormonen und wird zur Aufnahme von fettlöslichen Vitaminen benötigt.

Man unterscheidet

nach der Herkunft:

	tierisches Fett:	Butter, Schmalz ...
	pflanzliches Fett:	Maiskeimöl, Rapsöl, Olivenöl ...

nach dem Vorkommen:

sichtbares Fett:	Butter, Margarine, Öle ... = Koch- und Streichfett
verstecktes Fett:	Fleisch, Wurstwaren, Nüsse, Milchprodukte ...

Verwenden Sie täglich nur:

Streichfett:	1–2 TL = 15–20 g
Kochfett:	1–2 EL = 15–20 g (hochwertige Pflanzenöle)
verstecktes Fett:	30–40 g

Bei einer Reduktion des Fettverzehrs ist es notwendig, sowohl Streich- und Kochfett als auch fettreiche Lebensmittel (verstecktes Fett) zu sparen und eine fettärmere Alternative bzw. eine kleinere Menge zu verwenden. Das gilt vor allem für Milch- und Milchprodukte, Fleisch, Wurstwaren, aber auch für Nüsse, Süßigkeiten und Knabbereien.

nach den Fettsäuren:	vermehrt enthalten in
gesättigte Fettsäuren	Kokosfett, Butter ...
einfach ungesättigte Fettsäuren	Olivenöl, Rapsöl, Maiskeimöl ...
mehrfach ungesättigte Fettsäuren	Distelöl, Sonnenblumenöl, Diät-Margarine ...

Die Art und die Anzahl der Fettsäuren bestimmen die Eigenschaft eines Fettes und die Bedeutung für den menschlichen Körper. Fette mit ungesättigten Fettsäuren sind meistens flüssig. Pflanzliche Öle sind in der Regel reich an ungesättigten Fettsäuren (Ausnahme: Kokosfett, Palmkernfett).

Tierische Fette enthalten vermehrt gesättigte Fettsäuren und sind fest. Einfach ungesättigte Fettsäuren sind besonders wertvoll, sie wirken stabilisierend auf die Blutfette und sorgen für einen ausgeglichenen Cholesterinspiegel.

Cholesterin

Cholesterin ist für den Körper lebensnotwendig. Es wird benötigt, um verschiedene Hormone, Gallensäuren, Zellwände und Vitamin D herzustellen. Der menschliche Körper kann Cholesterin selbst produzieren oder bekommt es aus der Nahrung.

Je nach Zusammensetzung unterscheidet man **LDL (low density lipoprotein)** und **HDL (high density lipoprotein).** Das HDL entsorgt das überschüssige Cholesterin aus den Zellen und schafft es zur Leber, wo es zur Gallensäure abgebaut und damit letztlich ausgeschieden wird. Je mehr HDL im Blut vorhanden ist, umso mehr überschüssiges Cholesterin kann aus dem Blut entfernt werden. Deshalb nennt man das HDL-Cholesterin auch das „gute" Cholesterin. Das LDL ist dagegen der Cholesterin-Lieferant der Zelle. LDL-Cholesterin gilt als „schlechtes" Cholesterin, da es zu Ablagerungen in den Gefäßen beitragen kann. Dies führt zu einer Verengung oder im extremsten Fall zu einem Verschluss der Gefäße (z. B. Herzinfarkt oder Schlaganfall).

Das HDL-Cholesterin wird durch regelmäßige Bewegung positiv beeinflusst.

Nur tierische Produkte sind cholesterinhältig, deshalb sollte man vermehrt pflanzliche Fette verwenden! Die Empfehlung lautet: Nicht mehr als 300 mg Cholesterin pro Tag zu sich zu nehmen.

Wenn durch eine cholesterinreiche Ernährung oder durch eine Fettstoffwechselstörung ein erhöhter Cholesterinwert im Blut gemessen wird, sollte unbedingt eine entsprechende Therapie vom Arzt durchgeführt werden.

Eiweiß = Protein (EW)

(10–20 % der Gesamtenergiemenge)

Eiweiß ist für den Aufbau und die Erhaltung der Muskeln und Organe sowie die Bildung von Enzymen und Hormonen notwendig.

Das Eiweißangebot sollte hochwertig sein. Das bedeutet aber nicht, jeden Tag eine Fleischportion zu essen. Auch pflanzliche Eiweißträger wie Kartoffeln, Getreideprodukte oder Hülsenfrüchte sind sinnvolle Alternativen. Durch Kombination von verschiedenen Lebensmitteln kann die Qualität des Proteins verbessert werden.

Man unterscheidet	
tierisches Eiweiß	Fleisch, Milch, Käse, Ei ...
pflanzliches Eiweiß	Kartoffeln, Getreide, Hülsenfrüchte ...

Meist nimmt man mit tierischem Eiweiß auch viel verstecktes Fett und Cholesterin auf. Zum Beispiel: Fleisch, Fisch, Milch, Milchprodukte, Käse ...

Beachten Sie

die allgemeinen Empfehlungen der gesunden Ernährung bei Diabetes:

- Maximal 2- bis 3-mal pro Woche Fleisch (pro Portion nicht mehr als 120 g)
- 1- bis 2-mal pro Woche Fisch essen
- Maximal 2–3 Eier pro Woche
- Fettarme Milchprodukte bevorzugen
- Fettarmen Käse (weniger als 35 % F. i. Tr.) wählen
- Magere Wurstsorten auswählen

Zuviel Eiweiß ist für den Körper eine Belastung und kann mitunter eine Nierenschädigung hervorrufen.

Ernährungskreis

Der Ernährungskreis ordnet unsere Nahrungsmittel nach Gruppen in sechs Felder ein.

Das größte Segment bilden Produkte, die häufig gegessen werden sollen. Je kleiner das Segment ist, desto seltener sollten Lebensmittel aus dieser Gruppe verzehrt werden.

Die richtige Auswahl, die optimale Menge und eine gute Kombination der Lebensmittel sind für bedarfsgerechtes und vollwertiges Essen ausschlaggebend.

Die einzelnen Lebensmittelgruppen liefern in unterschiedlichen Mengen Kohlenhydrate, Fett, Eiweiß, Mineralstoffe, Spurenelemente, Vitamine, sekundäre Pflanzenstoffe und Wasser.

Aus jeder der sechs Gruppen sollten Lebensmittel gegessen werden, aber auf die richtige Menge kommt es an.

1. Gruppe: Getreide, Getreideprodukte, Kartoffeln

Essen Sie täglich mindestens

4–5 Scheiben Brot (250–300 g)
und 1 Portion Reis (gekocht 150–200 g)
oder Knödel (gekocht 150–200 g)
oder Nockerln (gekocht 150–200 g)
oder Nudeln (gekocht 150–200 g)
oder 3–4 mittelgroße Kartoffeln (250–300 g)

Lebensmittel aus dieser Gruppe sollten die Basis unseres Speiseplans bilden. Sie liefern wertvolle Kohlenhydrate und Ballaststoffe. Bei jeder Mahlzeit sollte etwas von diesen Produkten dabei sein, z. B. Brot, Nudeln, Reis, Kartoffeln, Getreideflocken ...

Bevorzugen Sie Vollkornprodukte, da sie den Blutzucker durch die enthaltenen Ballaststoffe langsam ansteigen lassen.

2. Gruppe: Gemüse und Hülsenfrüchte

Gemüse ist wasserreich und enthält viele Vitamine und Mineralstoffe. Kaufen Sie einheimische und der Jahreszeit entsprechende Gemüsesorten. Tiefgekühltes Gemüse ist eine gute Alternative, wenn nur wenig frisches Gemüse erhältlich ist.

Essen Sie so oft und so viel Gemüse und Salate, wie Sie wollen. Ergänzen Sie Hauptspeisen mit gedünstetem Gemüse und/oder Salat. „Kalte Mahlzeiten" oder Jausen werden durch rohes Gemüse wie Tomaten, Paprika, Essiggurken, Radieschen ... aufgewertet.

Hülsenfrüchte wie Erbsen, Linsen und Bohnen sind durch den hohen Stärkeanteil kalorienreicher, können aber in normaler Portionsgröße gegessen werden. Einige Diabetiker haben die individuelle Erfahrung gemacht, dass sich der Blutzucker nach einigen Stunden doch erhöht – deshalb kontrollieren Sie nach Möglichkeit, wie sich Mahlzeiten mit Hülsenfrüchten (z. B. Linsen mit Speck und Knödel, Bohnengulasch ...) bei Ihnen auswirken.

Essen Sie täglich

1 Portion Gemüse (200–300 g)
und 1 Portion Salat

3. Gruppe: Obst und Obstprodukte

In Früchten sind auch Kohlenhydrate enthalten, vor allem Frucht- und Traubenzucker. Trotzdem können Sie sie essen.

Obst liefert Vitamine, Mineral- und Ballaststoffe. Vormittags oder nachmittags zur Jause ist Obst bestens geeignet, aber auch als Kompott schmeckt es als Nachtisch.

Essen Sie überreifes Obst und Trockenfrüchte nur in geringen Mengen, erfahrungsgemäß steigt der Blutzucker rascher an. Besser, Sie verzichten darauf.

Wählen Sie sowohl beim Gemüse als auch beim Obst Sorten, die gerade Saison haben, sie sind vitamin- und mineralstoffreicher und meistens auch günstiger.

Essen Sie täglich

2–3 Portionen Obst

eine Portion = eine Hand voll
(z. B. 1 Apfel, 2 Mandarinen, Erdbeeren – so viele, wie in eine Hand passen)

4. Gruppe: Milch und Milchprodukte

Milch und Milchprodukte liefern neben Eiweiß, Fett und Kohlenhydraten (Milchzucker) auch Vitamine und Mineralstoffe.

Vollmilch, Magermilch, Buttermilch, Sauermilch ... sind in großen Mengen nicht als Getränk und Durstlöscher geeignet. Sie enthalten Milchzucker und können dadurch den Blutzucker erhöhen.

Planen Sie z. B. ein Glas Magermilch oder ein Milchmixgetränk wie auch andere Milchprodukte als Zwischenmahlzeiten ein.

Achten Sie auf den Fettgehalt bei Milch und Milchprodukten und bevorzugen Sie Magermilch und magere Milchprodukte.

Achtung: Viel verstecktes Fett ist in fettreichen Käsesorten, Schlagobers, Créme fraîche, Mascarpone ... enthalten.

Essen Sie täglich

250 ml fettarmes Milchprodukt
und 2–3 Scheiben Käse bis 35 % F. i. Tr.
(ca. 50 g)

5. Gruppe: Fleisch, Wurst, Geflügel, Fisch und Eier

Diese Gruppe liefert uns tierisches Eiweiß, Mineralstoffe und Vitamine. Aber auch verstecktes Fett und Cholesterin sind in diesen Lebensmitteln enthalten.

Reduzieren Sie Ihren Fleischkonsum. Essen Sie öfters Fisch!

Wählen Sie sowohl bei Fleisch und Wurst als auch bei Fisch magere Sorten aus (z. B. Kalb, Rind, Schinken, Pute, Huhn, Scholle, Forelle, Dorsch, Kabeljau ...).

Aber auch bei der Zubereitungsart können Sie Fett sparen, indem Sie beschichtete Pfannen verwenden. Geeignete Garmachungsmethoden sind Kochen, Dünsten, Grillen, Garen im Römertopf ...

Verwenden Sie Eier sparsam. Ein einziger Eidotter enthält die Cholesterinmenge (300 mg), die pro Tag maximal aufgenommen werden soll. In vielen Speisen sind aber Eier „versteckt", z. B. in Knödel, Palatschinken, Nockerln, Nudeln ...

Essen Sie wöchentlich nur

1–2 Portionen mageren Fisch (je 150 g)
2–3 Portionen mageres Fleisch (je 120 g)
2–3 Portionen fettarme Wurst (je 50 g)
2–3 Eier (inklusive verkochter Eier)

6. Gruppe: Fette und Öle

Diese Gruppe ist im kleinsten Segment des Kreises dargestellt. Obwohl Fett ein guter Aromaträger ist und fettreiche Speisen oft besser schmecken, sollten diese Produkte sehr sparsam verwendet und selten gegessen werden.

Bevorzugen Sie Koch- und Streichfette mit einem hohen Anteil an einfach und mehrfach ungesättigten Fettsäuren (Olivenöl, Distelöl, Rapsöl, Sonnenblumenöl, Maiskeimöl ...).

Butter oder Margarine?

Tierische Fette wie Butter, Butterschmalz, Schweineschmalz etc. enthalten Cholesterin. Wenn der Cholesterinwert erhöht ist, empfiehlt es sich, auf eine hochwertige cholesterinfreie Pflanzenmargarine zurückzugreifen.

Wollen Sie auf Ihr heiß geliebtes Butterbrot zum Frühstück nicht verzichten, gönnen Sie sich ein dünn bestrichenes Vollkornbrot mit Butter und essen Sie es mit Genuss.

Verwenden Sie täglich nur

1–2 TL = 15–20 g Streichfett (Butter, Margarine ...)

und 1–2 EL = 15–20 g hochwertiges Pflanzenöl (Olivenöl, Rapsöl, Maiskeimöl, Sonnenblumenöl ...)

und 30–40 g verstecktes Fett (Fleisch, Wurstwaren, Nüsse, Milchprodukte ...)

Mahlzeitenverteilung

Verteilen Sie die tägliche Nahrungsmenge auf mehrere (fünf bis sechs) kleinere, kohlenhydrathältige Mahlzeiten. Durch optimale Zusammensetzung der einzelnen Speisen (mit hohem Ballaststoffanteil) können Blutzuckerspitzen vermieden werden.

Bei manchen medikamentösen Diabetestherapien (z. B. Sulfonylharnstoffe, Mischinsuline), die wenig Flexibilität zulassen, muss die ärztliche Empfehlung des Zeitpunktes und der Menge des Essens unbedingt eingehalten werden, um Unterzuckerungen (Hypoglykämien) zu vermeiden.

Getränke

Die Grundlage für unser Wohlbefinden und unsere Lebensqualität ist eine abwechslungsreiche und ausgewogene Ernährung. Ausreichend Flüssigkeit ist ein wesentlicher Bestandteil davon.

Warum soll man reichlich trinken?

Unser Körper besteht zu ca. 60 Prozent aus Wasser (bei einer 70 Kilogramm schweren Person sind das immerhin 42 Liter). Säuglinge haben sogar einen Körperwassergehalt von 75 Prozent. Nur ein kleiner Teil dieser Flüssigkeit fließt in Form von Blut durch unseren Körper, das meiste ist zwischen und in den Zellen verteilt.

Wasser löst Nährstoffe, Mineralstoffe und einige Vitamine aus der Nahrung und transportiert sie über das Blut in alle Körperzellen und Organe. So genannte Abfallprodukte, die beim Stoffwechsel anfallen und dem Körper schaden könnten, werden über die Nieren und den Harn ausgeschieden.

Durch die Abgabe von Schweiß reguliert der Körper bei Hitze, körperlicher Anstrengung oder Fieber die Köpertemperatur. Außerdem ist Flüssigkeit besonders bei ballaststoffreicher Nahrung wichtig für die Quellung und Fortbewegung des Speisebreis im Darm. Bei unzureichender Flüssigkeitszufuhr kann es zu erheblichen Stuhlproblemen kommen.

Wasser ist unentbehrlich. Der Mensch kann ein paar Wochen ohne feste Nahrung, jedoch nur wenige Tage ohne Flüssigkeit überleben. Über die Niere, die Haut, den Darm und die Atemluft verlieren wir täglich ca. 2,5 Liter Flüssigkeit. Um einem Mangel vorzubeugen, signalisiert der Körper Durst. Dieses Durstempfinden wird von uns häufig übergangen bzw. gar nicht mehr wahrgenommen. Untersuchungen zeigen, dass viele Menschen zu wenig oder Ungeeignetes trinken. Schon bei geringem Flüssigkeitsmangel stellen sich erste Warnsignale ein: Verwirrtheit, mangelnde Leistungsfähigkeit, Konzentrationsschwäche, Kopfschmerzen, um nur einige zu nennen. Bei extremem Flüssigkeitsmangel kann es zu schweren Gesundheitsstörungen kommen.

Wie viel soll man trinken?

Ein Erwachsener braucht täglich etwa 20 bis 40 ml Wasser pro Kilogramm Körpergewicht, und somit liegt unser Flüssigkeitsbedarf bei ungefähr zwei bis drei Litern. Säuglinge und Kinder brauchen, bezogen auf das Körpergewicht, die zwei- bis sechsfache Flüssigkeitsmenge. Auch Schwangere und Stillende haben einen erhöhten Flüssigkeitsbedarf. Etwa 0,75 Liter der täglichen Wasserzufuhr kommt aus festen Lebensmitteln (vor allem Obst und Gemüse), weitere 1,5 bis zwei Liter müssen über Getränke aufgenommen werden. Fast einen halben Liter bekommt der Körper durch Stoffwechselvorgänge, nämlich durch Verbrennen von Nährstoffen (= Oxidationswasser).

Deutlich höher liegt die Flüssigkeitszufuhr bei hohen Temperaturen, Sport, starker körperlicher Arbeit, Fieber oder Durchfall. Ein gesunder Organismus scheidet problemlos aus, was er nicht benötigt. Aber ärztliche Flüssigkeitsbeschränkungen müssen unbedingt beachtet werden!

Getränke erfüllen weitere Zwecke: Sie können einen nennenswerten Beitrag zur Mineralstoff- und Vitaminversorgung leisten. Trinken erfüllt neben der Zufuhr von Flüssigkeit und Nährstoffen auch noch viele andere Funktionen: Trinken als Durstlöscher, zur Belebung, zur Beruhigung, als Vermittler von Genuss und Wohlbefinden, aber auch zur geselligen Kontaktaufnahme.

Wie und was soll man trinken?

Leider reguliert Durst die Flüssigkeitsbilanz nur sehr grob. Das Durstgefühl hinkt der Notwendigkeit zu trinken hinterher – der Durst kommt also immer etwas zu spät. Es ist sehr wichtig, kontinuierlich über den ganzen Tag verteilt genug Flüssigkeit aufzunehmen.

Das Getränkeangebot ist groß, aber nicht alles ist gleichermaßen für Diabetiker geeignet. Die besten und noch dazu kalorienärmsten Durstlöscher sind Leitungswasser, Mineralwasser, mit und ohne Zitrone, ungesüßte Kräuter- und Früchtetees, Light-Limonaden sowie sehr stark verdünnte Obst- und Gemüsesäfte.

Kaffee und schwarzer Tee sind zwar kalorien- und kohlenhydratfrei, enthalten aber Reizstoffe und Koffein und sollten daher nur in Maßen getrunken werden. Außerdem wirken Kaffee und manche Tees entwässernd (immer mindestens die doppelte Menge Wasser dazu trinken).

Zuckerhältige Getränke (Limonaden, Fruchtsirupe etc.) erhöhen den Blutzucker sehr schnell. Daher ist es empfehlenswert, sie nur bei einer Unterzuckerung (Hypoglykämie) zu trinken. 100-prozentiger Fruchtsaft, Fruchtnektar, Fruchtnektar Diät und Gemüsesäfte sollten nur stark verdünnt getrunken werden. Es ist notwendig, diese Getränke in Broteinheiten zu berechnen bzw. in den Speiseplan mit einzubeziehen. Denn auch sie erhöhen den Blutzucker und enthalten sehr viele Kalorien.

Es gibt eine Reihe von „Modegetränken", so genannte **Wellnessgetränke,** die manchmal Zucker (auch Traubenzucker) enthalten. Oft werden diese Getränke mit Mineralwasser verwechselt. Es ist auf jeden Fall sehr wichtig, die Etiketten des jeweiligen Getränkes ganz genau zu lesen.

Viele glauben, dass **Milch** ein Getränk sei – sie nimmt aber eine Sonderstellung ein und ist wegen ihres hohen Nährwertes kein Durstlöscher. Milch enthält Milchzucker und ist daher in Broteinheiten zu berechnen (250 ml = 1 BE). Die Milchmixvarianten, die in diesem Buch vorgeschlagen werden, eignen sich sehr gut als Zwischenmahlzeit oder auch als Nachtisch. Bitte beachten Sie aber die Kohlenhydratmenge (Broteinheiten) bzw. den Kaloriengehalt.

Alkohol

Ob und wie viel Alkohol Sie konsumieren können, besprechen Sie am besten mit Ihrem Arzt. Alkohol hemmt die Zuckerneubildung in der Leber. Nach stärkerem Alkoholgenuss kann es zu einer Unterzuckerung kommen, die Leber kann dann keinen Zucker in das Blut abgeben. Diabetiker müssen generell nicht ganz auf den Genuss von Alkohol verzichten. Ein bis zwei Gläser können zum Essen getrunken werden, ohne das Risiko einer Unterzuckerung wesentlich zu erhöhen.

Der Energiegehalt von Alkohol ist beträchtlich und kann deshalb zu Übergewicht führen (1 g Alkohol hat 7 kcal/29 kJ.).

Zucker, Zuckeraustausch-stoffe, Süßstoffe

Zucker

Früher war Haushaltszucker (Saccharose) für Diabetiker tabu, heute ist man der Meinung, dass kleine Mengen Zucker für Diabetiker unter folgenden Voraussetzungen nicht mehr verboten sind:

- nicht in isolierter Form, sondern „verpackt" in Lebensmittel, d. h. kleine Mengen in Mehlspeisen, Keksen, Schokolade ...
- nicht zum Süßen von Getränken, z. B. Kaffee, Tee und gezuckerten Limonaden – Ausnahme: zur Behandlung einer Unterzuckerung (Hypo).

Zucker in Maßen ist erlaubt. Sie sollten allerdings nicht mehr als zehn Prozent (ca. 30–50 g) Ihrer täglichen Energiemenge in Form von Zucker aufnehmen. Diese Empfehlung gilt auch für Nichtdiabetiker.

Meistens sind Lebensmittel mit Zucker auch sehr fettreich und haben dadurch sehr viele Kalorien.

Zuckeraustauschstoffe

Fruchtzucker, Sorbit, Mannit, Maltit, Isomalt, Xylit und Lactit
Handelsnamen: Sionon, Diabetiker Süße

Zuckeraustauschstoffe liefern, im Gegensatz zu künstlichen Süßstoffen, Kalorien, deshalb sind sie zum Abnehmen nicht geeignet. Untersuchungen haben gezeigt, dass Zuckeraustauschstoffe gegenüber Haushaltszucker keine wesentlichen Vorteile besitzen.

Zuckeraustauschstoffe können in größeren Mengen Verdauungsprobleme wie Blähungen und Durchfall verursachen. Die Empfindlichkeit variiert jedoch individuell.

Süßstoff-Zucker-Vergleich		
250 ml Süßstoff	=	3250 g Zucker
125 ml Süßstoff	=	1625 g Zucker
50 ml Süßstoff	=	650 g Zucker
20 ml Süßstoff	=	260 g Zucker
10 ml Süßstoff	=	130 g Zucker
5 ml Süßstoff (1 TL)	=	65 g Zucker
8 Tropfen	=	1 TL Zucker

Süßstoffe (Zuckerersatzstoffe)

Acesulfam, Aspartam, Cyclmat, Saccharin, Thaumatin und Neohesperidin
Handelsnamen: Kandisin, Assugrin, Natreen, Süssli, Canderel ...

Sie werden in Tablettenform, flüssig oder als Streusüße im Handel angeboten. Süßstoffe sind in der Regel (fast) kalorien- und kohlenhydratfrei und sind zum Süßen eine gute Alternative. (Aspartam ist jedoch nicht zum Backen geeignet, denn es verliert bei hohen Temperaturen den süßen Geschmack.)

Brauner Zucker, Honig, Birnendicksaft und Ahornsirup

sind in ihrer Wirkung auf den Blutzucker mit dem des Haushaltszuckers zu vergleichen. Ihr Kohlenhydratgehalt muss deshalb auch in Broteinheiten angerechnet bzw. berücksichtigt werden.

Diabetikerprodukte

Die Ernährungsempfehlungen für Menschen mit Diabetes unterscheiden sich nicht von denen für Menschen ohne Diabetes. Deshalb sind spezielle Diätprodukte für Diabetiker (wie Diabetikerschokolade, Diabetikerkekse, Diabetikerpralinen etc.) nicht zu empfehlen, gegenüber vergleichbaren Produkten enthalten sie oft eine höhere Fettmenge, d. h. sie haben genauso viele Kalorien, wenn nicht sogar mehr, außerdem sind sie oft teurer. Betrachten Sie diese Produkte kritisch und lesen Sie das Etikett genau!

„Leicht“ bzw „light“

Diese Bezeichnung ist nicht genau definiert. Light-Produkte unterscheiden sich in der Zusammensetzung von jener des Standardprodukts.

„Light" kann unterschiedliche Bedeutungen haben:
- leicht bekömmlich
- weniger Kalorien (durch Fett- oder Zuckerreduktion)
- weniger Alkohol
- weniger Koffein.

Im Handel wird eine umfangreiche Palette an Light-Produkten angeboten: Leicht-Konfitüren und Marmeladen, fettreduzierte – leichte Wurst, leichte Milchprodukte, Leichtbier, Streichfette mit weniger Fett (Minarinen und Halbfettmargarine), Light-Getränke, Mayonnaise leicht, Kaffee leicht etc.

Leichtprodukte, richtig eingesetzt, können zwar den Beginn, Gewicht abzunehmen, erleichtern, stellen aber keine alleinige Lösung dar. In der Praxis zeigt sich, dass Menschen durch die Umstellung auf gesunde Ernährung (viel Gemüse, Getreideprodukte ... und Erhöhung des Ballaststoffanteils) deutlich mehr Erfolg haben als nur mit dem Einsatz von Leicht-Produkten. Die Bezeichnung „light" oder „Diät" verleitet viele dazu, diese Produkte im Übermaß zu konsumieren.

Zehn Tipps für jeden Tag

1) Essen Sie reichlich komplexe Kohlenhydrate aus Vollkorngetreide, Gemüse (Hülsenfrüchten) und frischen Früchten.

2) Erhöhen Sie den Ballaststoffanteil Ihrer Nahrung auf 30 g pro Tag.

3) Verwenden Sie sparsam qualitativ hochwertige Pflanzenöle statt tierischer Fette.

4) Essen Sie öfter Fisch und reduzieren Sie die Fleisch- und Wurstmahlzeiten.

5) Verteilen Sie fünf bis sechs kleinere Mahlzeiten über den Tag.

6) Trinken Sie mindestens 1,5 bis zwei Liter Flüssigkeit pro Tag.

7) Betrachten Sie Diabetikerprodukte kritisch.

8) Kochen Sie mit viel Liebe und Zeit.

9) Genießen Sie jede Mahlzeit und kauen Sie gut.

10) Planen Sie regelmäßig Bewegung in Ihren Tagesablauf ein.

Aufstriche, Vorspeisen & Salate

Gemüseaufstrich

4 Portionen à 0 BE

Nährwerte pro Portion:	
BE	0
kcal	84
kJ	352
EW/g	10
F/g	0
KH/g	9

150 g Karotten
75 g Lauch, 75 g Zucchini
100 g Äpfel
250 g Magertopfen
50 g Magerjoghurt
Salz, Pfeffer, Kräuter

1 Karotten und Lauch putzen und waschen.

2 Karotten raffeln, Lauch in feine Ringe, Zucchini in kleine Würfel schneiden, Äpfel schälen und ebenfalls raffeln.

3 Das vorbereitete Gemüse mit Topfen und Joghurt gut vermengen.

4 Anschließend mit Salz, Pfeffer und Kräutern würzen.

Kartoffelkäse

4 Portionen à 1 BE

Nährwerte pro Portion:	
BE	1
kcal	111
kJ	466
EW/g	4
F/g	3
KH/g	16

350 g Kartoffeln
125 g Sauerrahm
125 g Magerjoghurt
80 g rote Zwiebeln
Salz, Pfeffer, Schnittlauch, rote Pfefferkörner

1 Kartoffeln in Salzwasser kochen, schälen und durch eine Kartoffelpresse drücken, anschließend auskühlen lassen.

2 Mit Sauerrahm und Joghurt, fein geschnittenen Zwiebeln und Gewürzen vermischen und abschmecken.

3 Mit fein geschnittenem Schnittlauch bestreut servieren.

4 Zum Schluss noch mit roten Pfefferkörnern dekorieren.

Rindfleischaufstrich

4 Portionen à 0 BE

1 Portion enthält:	
BE	0
kcal	182
kJ	761
EW/g	14
F/g	13
KH/g	2

100 g mageres Rindfleisch, Gemüsesuppe
160 g Magertopfen, 60 g Margarine
80 g Magerjoghurt
Senf, Kren, Pfeffer, Knoblauch, Schnittlauch
Majoran, Suppenkräuter

1 Rindfleisch mit Suppenkräutern in Gemüsesuppe kochen, anschließend auskühlen lassen und faschieren. Magertopfen, Margarine und Joghurt mit dem Faschierten gut vermengen. Mit Gewürzen und Kräutern pikant abschmecken.

Thunfischtopfen

4 Portionen à 0 BE

1 Portion enthält:	
BE	0
kcal	202
kJ	845
EW/g	27
F/g	6
KH/g	9

40 g Zwiebeln, 100 g Essiggurkerl
100 g rote Paprikaschoten
150 g Thunfisch (ohne Öl)
500 g Magertopfen, 125 g Magerjoghurt
Schnittlauch, Knoblauch, Salz, Pfeffer, Senf

1 Zwiebeln fein hacken. Essiggurkerl und Paprika würfelig schneiden. Thunfisch in kleine Stücke teilen. Magertopfen und Joghurt cremig rühren. Alle Zutaten miteinander vermengen und mit den Gewürzen abschmecken.

Vollkornweckerln

6 Stück à 2 BE

200 g Magertopfen, 2 Eier
240 g Weizen- oder Dinkelvollkornmehl
1 TL Backpulver
Salz, Brotgewürze (Kümmel, Fenchel, Kardamon ...)
100 g Zwiebeln, 5 g Öl
Milch zum Bestreichen

Nährwerte pro Portion:	
BE	2
kcal	220
kJ	925
EW	13
F	7
KH	26

1 Die Eier schaumig schlagen.

2 Topfen unterrühren, Mehl, Backpulver, Salz, Gewürze und geröstete Zwiebeln dazugeben und gut durchkneten.

3 6 Weckerln formen, mit Milch bestreichen und auf ein mit Backpapier belegtes Blech geben.

4 Bei 200 °C ca. 25 Minuten backen.

Gemüsesalat

4 Portionen à 0 BE

Nährwerte pro Portion:	
BE	0
kcal	131
kJ	548
EW/g	2
F/g	11
KH/g	6

1 grüner Salat (200 g), 1 Lollo rosso (200 g), 60 g Rucola
je 125 g gelbe und rote Paprikaschoten
125 g Radieschen, 200 g Salatgurke
4 EL Weinessig, 2 EL Kräuter, 4 EL Olivenöl
eventuell etwas Süßstoff

1 Salat putzen und waschen. Paprika, Radieschen und Salatgurke in Stücke schneiden. Aus Weinessig, Kräutern und Olivenöl eine Marinade bereiten und über den Salat gießen.

Gurkencreme-Rollen

4 Portionen à 0 BE

Nährwerte pro Portion:	
BE	0
kcal	196
kJ	825
EW/g	26
F/g	7
KH/g	6

400 g Salatgurke
400 g Magertopfen
Schnittlauch, Petersilie, 4 TL Estragonsenf
Salz, Pfeffer
200 g Putenschinken in Scheiben

1 Salatgurke würfelig schneiden. Magertopfen, Schnittlauch, Petersilie und Senf gut vermengen, mit Salz und Pfeffer abschmecken und mit den Gurken vermischen. Putenschinken mit Gurkencreme bestreichen und einrollen. Auf Tellern anrichten und mit Schnittlauch bestreuen.

Gemüse-Kräuter-Salat

4 Portionen à 0 BE

100 g weißer Spargel, 20 g Margarine, Süßstoff
800 g frische Erbsen, Salz
4 EL Olivenöl, 4 EL Zitronensaft
8 EL kalte Gemüsesuppe, 8 EL Kerbel
4 EL Petersilie
Salz, Pfeffer

Nährwerte pro Portion:

BE	0
kcal	209
kJ	874
EW/g	6
F/g	14
KH/g	13

1 Spargel schälen und Enden abschneiden, in 3 cm große Stücke schneiden.

2 Salzwasser, Margarine und Süßstoff aufkochen und den Spargel darin weich kochen.

3 Mit kaltem Wasser abschrecken.

4 Erbsen aus der Schale nehmen und in Salzwasser ebenfalls weich kochen.

5 Für die Marinade Olivenöl, Zitronensaft und Gemüsesuppe miteinander verrühren und mit dem Gemüse vermischen. Die gehackten Kräuter untermengen.

6 2 Stunden im Kühlschrank ziehen lassen.

Linsensalat

4 Portionen à 1,5 BE

Nährwerte pro Portion:

BE	1,5
kcal	299
kJ	1249
EW/g	12
F/g	11
KH/g	37

130 g Linsen, 140 g fest kochende Kartoffeln, Suppengrün
100 g Karotten, 150 g Lauch, 40 g rote Zwiebeln
1 Bd. Schnittlauch, 4 EL Rotweinessig
1 TL scharfer Senf, Salz, Pfeffer
4 EL Öl, 120 g Grahambrot

1 Die Linsen über Nacht einweichen. Am nächsten Tag mit dem geputzten Suppengrün etwa 30–45 Minuten weich kochen, abgießen und in eine Schüssel geben. Kartoffeln garen, schälen, in kleine Würfel schneiden und unter die Linsen heben. Karotten schälen und in kleine Würfel schneiden, Lauch putzen, längs halbieren, gründlich ausspülen und quer in feine Streifen schneiden.

2 Das Gemüse in ein Sieb geben und für 2 Minuten in kochendes Salzwasser halten, eiskalt abschrecken und danach gut abtropfen lassen. Zwiebeln schälen und fein hacken, Schnittlauch waschen und klein schneiden, beides mit dem Gemüse zu den Linsen geben.

3 Für die Marinade Essig, Senf, Salz und Pfeffer so lange verrühren, bis sich das Salz ganz aufgelöst hat. Das Öl langsam dazufließen lassen und mit dem Schneebesen cremig schlagen. Die Marinade über den Salat gießen, gut mischen und 1/2 Stunde ziehen lassen. Vor dem Servieren unbedingt nochmals abschmecken. Das Grahambrot würfeln und im Rohr kurz knusprig bähen. Zum Schluss unter den Salat mischen.

Nudelsalat

4 Portionen à 2 BE

Nährwerte pro Portion:	
BE	2
kcal	257
kJ	1077
EW/g	18
F/g	6
KH/g	30

160 g Vollkornnudeln (roh)
80 g Edamer, 130 g Tomaten, 300 g Salatgurke
40 g Zwiebeln, 150 g Essiggurkerl
80 g Schinken, 250 g Magerjoghurt
Petersilie, Schnittlauch, Salz, Pfeffer

1 Teigwaren in Salzwasser bissfest kochen, mit kaltem Wasser abschrecken und abtropfen lassen.

2 Gemüse, Käse und Schinken in beliebige Form schneiden.

3 Joghurt dazugeben, alle Zutaten miteinander vermengen und mit den Gewürzen und Kräutern abschmecken.

Je nach saisonalem Angebot kann verschiedenes Gemüse verwendet werden.

Wurstsalat

4 Portionen à 0 BE

200 g Krakauer, 100 g Tilsiter
4 Essiggurkerl, 125 g rote Paprikaschoten
1 TL Senf, 125 g Magerjoghurt
40 g Zwiebeln, Petersilie, Schnittlauch
Essig, Salz, Pfeffer, Paprikapulver

Nährwerte pro Portion:

BE	0
kcal	248
kJ	1040
EW/g	17
F/g	18
KH/g	3

1 Krakauer, Tilsiter, Gurkerl und Paprika in Streifen schneiden, Zwiebeln in Ringe schneiden.

2 Petersilie und Schnittlauch fein hacken.

3 Senf mit dem Magerjoghurt, Essig, Salz, Peffer und Paprika gut vermischen.

4 Alle Zutaten vermengen und vor dem Servieren noch etwas ziehen lassen.

Suppen

Frittatensuppe

4 Portionen à 0,5 BE

Nährwerte pro Portion:	
BE	0,5
kcal	83
kJ	349
EW/g	4
F/g	4
KH/g	8

40 g Weizenvollkornmehl
1/16 l Magermilch, 1 Ei
Mineralwasser nach Bedarf
Salz, Kräuter, 5 g Öl
800 ml Gemüsesuppe

1 Mehl, Milch, Ei, Mineralwasser und Gewürze in einer Rührschüssel mit einem Schneebesen gut verrühren und ca. 1/2 Stunde ziehen lassen.

2 Eine Teflonpfanne erhitzen, mit Öl bepinseln und dünne Palatschinken ausbacken.

3 Die überkühlten Palatschinken nudelig schneiden und auf 4 Portionen aufteilen.

4 Die Frittaten in der Gemüsesuppe servieren.

Man kann den Teig mit verschiedenen frischen Kräutern verfeinern.

Gemüsesuppe

4 Portionen à 1 BE

280 g Kartoffeln
400 g gemischtes Gemüse
800 ml Gemüsesuppe
Knoblauch, frische Kräuter
10 g Magerjoghurt, Salz

Nährwerte pro Portion:

BE	1
kcal	118
kJ	498
EW/g	4
F/g	3
KH/g	18

1 Kartoffeln schälen und in kleine Würfel schneiden.

2 Gemüse waschen und zerkleinern und zusammen mit den gewürfelten Kartoffeln in der Gemüsesuppe weich dünsten, anschließend passieren.

3 Mit den Gewürzen abschmecken und mit Joghurt verfeinern.

4 Mit frischen Kräutern servieren.

Grießnockerlsuppe

4 Portionen à 1 BE

Nährwerte pro Portion:	
BE	1
kcal	82
kJ	346
EW/g	4
F/g	3
KH/g	11

60 g Grieß
1 Ei
Salz, Muskatnuss, Petersilie
Salzwasser zum Kochen
800 ml Gemüsesuppe

1 Grieß mit Ei und den Gewürzen gut vermischen und ca. 10 Minuten stehen lassen.

2 Salzwasser zum Kochen bringen und mit 2 Esslöffeln 8 Grießnockerln einlegen.

3 Nach 10 Minuten das Salzwasser mit kaltem Wasser aufgießen und die Nockerln weitere 10 Minuten ziehen lassen, dadurch gehen sie nochmals auf und werden weich.

4 Die fertigen Nockerln in der Gemüsesuppe servieren.

Zur Grießnockerlmasse kann man auch Kräuter oder Gemüse dazugeben.

Klare Suppe mit Polentaschnitten

4 Portionen à 1,5 BE

250 ml Magermilch, 100 ml Gemüsesuppe
75 g Polenta
2 Eier, 50 g geriebener Käse (35 % F. i. Tr.)
Kräuter, Salz, Pfeffer, Muskatnuss
800 ml Gemüsesuppe

Nährwerte pro Portion:

BE	1,5
kcal	181
kJ	763
EW/g	11
F/g	7
KH/g	18

1 Milch und Suppe aufkochen, Polenta einrühren und ca. 10 Minuten quellen lassen.

2 Eier und Käse unter die überkühlte Masse mengen, Kräuter beigeben und würzen.

3 In eine beschichtete Auflaufform füllen und bei 200 °C backen.

4 Anschließend in Schnitten schneiden und in der Gemüsesuppe servieren.

Der Masse können je nach Belieben Kräuter oder Gemüse beigefügt werden.

Klare Suppe mit Spinatröllchen

4 Portionen à 0,5 BE

Nährwerte pro Portion:	
BE	0,5
kcal	105
kJ	440
EW/g	5
F/g	6
KH/g	7

1/16 l Magermilch, 30 g Mehl
1 Ei, Salz, 10 g Öl, 150 g Blattspinat
Knoblauch, Pfeffer, Muskatnuss
15 g Edamer (35 % F. i. Tr.)
800 ml Gemüsesuppe

1 Aus Milch, Mehl, Ei und Salz einen Palatschinkenteig zubereiten.

2 Eine Teflonpfanne erhitzen, mit Öl auspinseln und dünne Palatschinken ausbacken.

3 Für die Fülle den Spinat blanchieren, fein hacken und mit Knoblauch und den Gewürzen abschmecken.

4 Die Fülle auf den Palatschinken gleichmäßig verteilen, einrollen und kleine Rollen herunterschneiden.

5 Die Röllchen mit geriebenem Käse bestreuen und im Backrohr bei 200 °C ca. 15 Minuten überbacken.

6 Die Röllchen in der Gemüsesuppe servieren.

Tomatensuppe mit Käsenocken

4 Portionen à 0,5 BE

Nährwerte pro Portion:	
BE	0,5
kcal	149
kJ	626
EW/g	10
F/g	7
KH/g	11

300 g Kalbsknochen, 40 g Zwiebeln, 1 Bund Suppengrün
10 g Öl, 1 große Dose Tomaten, Salz, Pfeffer, Basilikum
Oregano, Majoran, 1 Lorbeerblatt, Pfeffer aus der Mühle
400 g Brokkoli
125 ml Magermilch, Salz, 30 g Grieß, 1 Ei
100 g Frischkäse mit Kräutern (fettreduziert)

1 Knochen waschen, Zwiebeln schälen und vierteln, das Suppengrün waschen, putzen und klein schneiden. Öl in einem Topf erhitzen und alles zusammen kurz anbraten.

2 Tomaten grob hacken und mit dem Tomatensaft und 1/2 l Wasser aufkochen lassen. Gewürze und Lorbeerblatt dazugeben und bei milder Hitze ca. 1 Stunde zugedeckt köcheln lassen.

3 Brokkoli putzen, waschen und in Röschen teilen. In der Zwischenzeit Milch mit Salz in einem Topf zum Kochen bringen, Grieß dazugeben und unter ständigem Rühren aufkochen lassen. Den Topf vom Herd nehmen und dann das Ei und den Frischkäse unterrühren. Die Masse abkühlen lassen und mit 2 Teelöffeln Nocken daraus formen.

4 Tomatensuppe durch ein Sieb passieren und aufkochen lassen. Nocken und Brokkoliröschen in der Suppe ca. 10 Minuten bei mittlerer Hitze garen. Mit Salz, Pfeffer und Gewürzen abschmecken und servieren.

Hauptspeisen

Faschierter Braten, gefüllt

4 Portionen à 0 BE

Nährwerte pro Portion:	
BE	0
kcal	275
kJ	1153
EW/g	23
F/g	18
KH/g	5

150 g Wurzelgemüse (Karotten, Sellerie, Petersilie)
300 g mageres Faschiertes
2 Eier, 125 g Magertopfen
100 g Zwiebeln, 2 große Essiggurkerl
Majoran, Thymian, Salz, Pfeffer, Knoblauch, Petersilie
20 g Öl

1 Wurzelgemüse fein reißen und in wenig Pflanzenöl kurz anrösten.

2 Faschiertes mit Eiern, Topfen, gehackten Zwiebeln und Wurzelgemüse vermengen, würzen und mit feuchten Händen aus der Hälfte der Fleischmasse einen Wecken formen, diesen dann flach drücken. Mit den Essiggurkerln belegen und mit der restlichen Fleischmasse bedecken.

3 Den Braten in eine befettete Kasserolle legen und im auf 160 °C vorgeheizten Backrohr 30 Minuten zugedeckt und dann weitere 20 Minuten offen braten.

Dazu passt besonders gut Kartoffelpüree.

Fischfilet mit glaciertem Gemüse

4 Portionen à 0,5 BE

Nährwerte pro Portion:	
BE	0,5
kcal	223
kJ	932
EW/g	30
F/g	7
KH/g	9

4 Fischfilets à 150 g, Zitronensaft, Salz
15 g Weizenmehl, 10 g Öl
200 g Tomaten, 100 g Salatgurke, 100 g Zucchini
40 g Tomatenmark, 70 g Maiskörner
10 g Sesam, Kräuter

1 Fischfilets säubern, salzen und mit Zitronensaft beträufeln. In Mehl wenden und auf beiden Seiten in Öl anbraten.

2 Die Tomaten würfeln und die Salatgurke und Zucchini in halbmondförmige Scheiben schneiden.

3 Salatgurke und Zucchini dünsten lassen, Tomatenmark zugeben und köcheln lassen.

4 Zum Schluss die Tomatenwürfel und die Maiskörner dazugeben und würzen.

5 Fischfilets auf Tellern mit Gemüse anrichten und mit Sesam und gehackten Kräutern bestreuen.

Dazu passen Salzkartoffeln.

Fischstrudel

4 Portionen à 1 BE

Nährwerte pro Portion:	
BE	1
kcal	412
kJ	1725
EW/g	39
F/g	18
KH/g	24

4 Dorschfilets à 120 g, Salz, Zitronensaft, Pfeffer
100 g Zwiebeln, 250 g Champignons, 250 g Tomaten
125 g gelbe Paprikaschoten
1 Pkg. fertiger Strudelteig (60 g/2 Blätter)
2 EL Tomatenmark, 10 g Öl
250 g Mozzarella in Scheiben, Basilikum, Oregano

1 Fischfilets mit Zitronensaft, Salz und Pfeffer würzen und zugedeckt ziehen lassen.

2 Zwiebeln hacken, Champignons blättrig und Paprika nudelig schneiden und in etwas Öl anbraten. Die Tomaten in Scheiben schneiden.

3 Strudelteig aufrollen und zwischen den Teigblättern mit Öl bepinseln. Jeweils 1/3 des Strudelteiges mit Tomatenmark bestreichen, dann mit dem gerösteten Gemüse, Fischfilets und den Tomatenscheiben belegen.

4 Mozzarella und Gewürze auf dem Strudel verteilen und auf ein mit Backpapier belegtes Blech geben.

5 Strudel einrollen, mit Öl bestreichen und bei 180 °C ca. 45 Minuten backen.

Dazu reicht man Knoblauchsauce.

Fisolengulasch

4 Portionen à 0 BE

500 g Fisolen, 100 g Sellerie, 100 g Karotten, 100 g Lauch
80 g Zwiebeln, 200 g Champignons, 100 g mageres Geselchtes
20 g Öl, Paprikapulver, 1 l Gemüsesuppe
1 Lorbeerblatt, Knoblauch, Salz, Pfeffer
Thymian, Majoran, Petersilie
8 EL Tomatenmark

Nährwerte pro Portion:

BE	0
kcal	195
kJ	818
EW/g	11
F/g	12
KH/g	12

1 Gemüse putzen, waschen, anschließend Fisolen in gleich große Stücke schneiden, Karotten und Sellerie in Streifen und Lauch in Ringe schneiden.

2 Zwiebeln schälen und hacken, Champignons putzen und blättrig schneiden und Geselchtes kleinwürfelig schneiden.

3 Zwiebeln in erhitztem Öl hell anrösten, Geselchtes mitrösten, paprizieren und mit Gemüsesuppe ablöschen.

4 Fisolen, Lauch, Karotten und Sellerie dazugeben und mitdünsten, Tomatenmark hinzufügen und würzen.

5 Ca. 15 Minuten vor Ende der Garzeit die Champignons beigeben.

Als Beilage eignen sich Vollkornsemmelknödel.

Gemüselaibchen

4 Portionen à 2 BE

Nährwerte pro Portion:	
BE	2
kcal	205
kJ	860
EW/g	10
F/g	6
KH/g	27

500 g gemischtes Gemüse

100 g Zwiebeln, 100 g Champignons, 10 g Öl

490 g Kartoffeln

2 Eier

frische Kräuter, Gewürze, Salz, Pfeffer

1 Gemüse in Salzwasser dünsten.

2 Zwiebeln in Öl anrösten und blättrig geschnittene Champignons beigeben, weich dünsten, bis die Flüssigkeit reduziert ist.

3 Kartoffeln kochen, schälen und passieren. Eier, Gemüse und Kartoffeln der Champignonmasse beigeben und würzen.

4 Laibchen formen, auf ein mit Backpapier belegtes Blech setzen und bei 220 °C backen.

Grüne Tagliatelle mit Schinkensauce

4 Portionen à 5 BE

Nährwerte pro Portion:	
BE	5
kcal	531
kJ	2223
EW/g	32
F/g	21
KH/g	53

240 g grüne Tagliatelle (roh), 80 g Zwiebeln
20 g Öl, 120 g Schinken, 500 ml Magermilch
120 g Schnittkäse (35 % F. i. Tr.)
15 g Mehl, 60 g Sauerrahm
60 g geriebener Parmesan zum Bestreuen

1 Nudeln bissfest kochen.

2 Zwiebeln fein hacken und in Öl anrösten.

3 Schinken in Streifen schneiden, mitrösten, mit Milch aufgießen und geriebenen Käse dazugeben.

4 Mehl mit Sauerrahm verrühren und zur Masse geben, würzen und aufkochen lassen.

5 Tagliatelle unter die Sauce mischen und mit geriebenem Parmesan bestreuen.

Salat passt hervorragend dazu.

Grünkernnockerln auf Weißkraut

4 Portionen à 2,5 BE

200 g Lauch, 80 g Zwiebeln, 1–2 Knoblauchzehen
10 g Öl, 150 g grob geschroteter Grünkern
3/8 l Wasser, 1 Gemüsesuppenwürfel
Kräuter (Petersilie, Basilikum, Majoran, Oregano ...)
1 kg Weißkraut, 130 g Tomaten
60 g geriebener Käse (35 % F. i. Tr.), Salz, Pfeffer, Kümmel

Nährwerte pro Portion:	
BE	2,5
kcal	318
kJ	1332
EW/g	15
F/g	9
KH/g	43

1 Lauch putzen und fein schneiden, Zwiebeln und Knoblauch fein hacken. In einem Topf Öl erhitzen und das Gemüse darin anschwitzen. Grünkern beigeben, mit Wasser aufgießen und den Suppenwürfel hineinbröseln, kurz aufkochen lassen und ca. 30 Minuten quellen lassen.

2 Anschließend mit den Gewürzen und Kräutern abschmecken.

3 Weißkraut fein schneiden und mit etwas Wasser weich dünsten, 5 Minuten vor Ende der Garzeit Tomaten in Würfel schneiden, dazugeben und mit Salz und Kümmel würzen.

4 Kraut-Tomaten-Mischung in eine Auflaufform geben. Aus der Grünkernmasse mit Hilfe von zwei Esslöffeln Nockerln formen, auf das Kraut legen und mit geriebenem Käse bestreuen.

5 Im vorgeheizten Rohr bei 200 °C ca. 20–25 Minuten überbacken.

Hirschragout

4 Portionen à 0 BE

Nährwerte pro Portion:	
BE	0
kcal	163
kJ	683
EW/g	22
F/g	6
KH/g	5

300 g Zwiebeln, 100 g Karotten und gelbe Rüben
400 g Hirschschulter
10 g Öl
Paprikapulver, klare Gemüsesuppe, Salz, Pfeffer
Tomatenmark, Majoran, Koriander, Rosmarin
1 Lorbeerblatt, Wacholderbeeren

1 Geschnittene Zwiebeln in Öl scharf anrösten.

2 Würfelig geschnittenes Fleisch und Paprikapulver kurz mitrösten und mit Gemüsesuppe und Wasser ablöschen.

3 Gewürze dazugeben und das Fleisch zugedeckt weich dünsten.

4 Mit Karotten, gelben Rüben und Jungzwiebeln gefällig anrichten.

Dazu passen Vollkornsemmelknödel und Rotkraut hervorragend.

Hirsebällchen

4 Portionen à 1,5 BE

Nährwerte pro Portion:	
BE	1,5
kcal	162
kJ	678
EW/g	9
F/g	6
KH/g	17

90 g Hirse, 500 ml Wasser
40 g Zwiebeln, 10 g Öl
2 Eier, 100 g Magertopfen
2–3 Knoblauchzehen
Petersilie, Salz

1 Hirse in Salzwasser einkochen und weich dünsten, dann auskühlen lassen.

2 Zwiebeln fein schneiden, in Öl anrösten und mit Eiern, Magertopfen, gehackter Petersilie, Knoblauch und Salz zur Hirsemasse geben.

3 Alles gut durchmischen, abschmecken, Bällchen formen und im Rohr auf einem mit Backpapier belegten Blech bei 180 °C ca. 30 Minuten backen.

Dazu reicht man Salat und Basilikum-Joghurtdip.

Hühnerschnitzel, gratiniert

4 Portionen à 0 BE

4 Hühnerschnitzel (à 120 g)
Knoblauch, Zitronensaft, Salz, Pfeffer
120 g Schafskäse
250 g Paprikaschoten
Gemüsesuppe nach Bedarf
20 g Öl

Nährwerte pro Portion:

BE	0
kcal	262
kJ	1094
EW/g	35
F/g	12
KH/g	3

1 Hühnerschnitzel klopfen, mit Salz, Pfeffer, Knoblauch und Zitronensaft würzen und beidseitig anbraten.

2 Schafskäse in Würfel schneiden, Paprika in Streifen schneiden und in etwas Gemüsesuppe weich dünsten, Schafskäse beigeben und würzen.

3 Diese Masse auf die Hühnerschnitzel streichen und bei starker Oberhitze im Backrohr kurz überbacken.

Dazu passen Reis, Tomatensauce und grüner Salat.

Kabeljau mit Kräuterhaube

4 Portionen à 0 BE

Nährwerte pro Portion:	
BE	0
kcal	148
kJ	621
EW/g	25
F/g	3
KH/g	4

500 g Kabeljaufilets, Salz, Pfeffer, Zitronensaft
100 g Tomaten, 40 g Zwiebeln, 10 g Pflanzenmargarine
120 g Sellerie, 200 g Rindsuppe, 2 Eiklar
20 g Grahambrösel
Petersilie, Schnittlauch, Knoblauch

1 Fischfilets würzen und zugedeckt etwas ziehen lassen, die Tomaten blanchieren und in Würfel schneiden.

2 Die Zwiebeln hacken und in Margarine anschwitzen lassen, den in Stücke geschnittenen Sellerie beigeben.

3 Mit der Suppe ablöschen, würzen und dünsten lassen. Wenn der Sellerie weich ist, die Tomaten beifügen.

4 2 Eiklar zu Schnee schlagen, Brösel, gehackte Petersilie, Schnittlauch und Knoblauch unterheben und über die in Fett angebratenen Fischfilets streichen.

5 Im Rohr bei 200 °C überbacken und anschließend auf Gemüse anrichten.

Dazu passen Petersilkartoffeln.

Kalbsröllchen nach Emmentaler Art

4 Portionen à 0,5 BE

4 dünne Kalbsschnitzel (á 125 g), Salz, Pfeffer, 2 TL Senf
1 TL Tomatenmark, 120 g Emmentaler, 10 g Öl
1/8 l Gemüsesuppe, 1 Bd. Petersilie, 40 g Zwiebeln
2 Essiggurkerl, 250 g Magerjoghurt
2 gehäufte TL Tomatenmark, 1 EL Zitronensaft
15 g Speisestärke, Paprikapulver edelsüß, Süßstoff

Nährwerte pro Portion:

BE	0,5
kcal	323
kJ	1352
EW/g	36
F/g	16
KH/g	7

1 Die Kalbsschnitzel dünn klopfen, leicht salzen und pfeffern, dann das Tomatenmark mit dem Senf verrühren, dünn auf die Schnitzel streichen, mit jeweils einer Scheibe Emmentaler belegen und aufrollen. Mit Zahnstochern fixieren.

2 Das Öl in einer Pfanne erhitzen und die Röllchen kräftig auf allen Seiten anbraten, anschließend das Fleisch aus der Pfanne nehmen und warm stellen, den Bratensatz mit Suppe ablöschen und aufkochen lassen.

3 Die Petersilie waschen, die Zwiebeln schälen und beides klein hacken, dann mit den klein gehackten Gurkeln, Joghurt, Tomatenmark und Zitronensaft verrühren und die Mischung zum Bratensaft geben.

4 Die Speisestärke in etwas kaltem Wasser anrühren, die Sauce damit binden und mit Salz, Paprikapulver und Süßstoff abschmecken. Die Kalbsröllchen in die Sauce geben und ca. 10 Minuten gar ziehen lassen.

Dazu passen Reis und Salat.

Kartoffelstrudel

4 Portionen à 4,5 BE

Nährwerte pro Portion:	
BE	4,5
kcal	403
kJ	1688
EW/g	17
F/g	15
KH/g	49

150 g glattes Mehl, 100 ml Wasser, 10 g Öl
1 Prise Salz, 560 g mehlige Kartoffeln, 80 g Zwiebeln
120 g Schinken, 40 g Hamburger Speck
Salz, Pfeffer, Majoran, Knoblauch
10 g Öl, 1 Ei, 15 g Öl
1 Bd. Petersilie

1 Aus Mehl, Wasser, Öl und Salz einen Strudelteig zubereiten.

2 Kartoffeln schälen, dämpfen, die Hälfte durch die Presse drücken, die andere Hälfte in Würfel schneiden.

3 Gehackte Zwiebeln und gewürfelten Speck anrösten, gewürfelten Schinken dazugeben und mitrösten, zuletzt die Kartoffelwürfel ebenfalls dazugeben, mitrösten und würzen.

4 Gepresste Kartoffeln und das Ei unter die Menge mischen, die restlichen Zutaten dazumischen und in den ausgezogenen Strudelteig einrollen.

5 Den Strudel mit Öl bestreichen und auf ein mit Backpapier belegtes Blech geben. Bei 200 °C ca. 45 Minuten backen.

Dazu passt Tomaten- oder Schinkensauce.

Kartoffelpizza

4 Portionen à 3 BE

Nährwerte pro Portion:	
BE	3
kcal	362
kJ	1517
EW/g	18
F/g	14
KH/g	38

700 g mehlige Kartoffeln, 30 g Weizenmehl
2 Eiklar, 10 g Öl, 1 EL Tomatenmark
600 g Tomaten, 80 g Zwiebeln, 200 g Lauch
Basilikumblätter, Oregano, Pfeffer, Salz
200 g Mozzarella

1 Für den Teig Kartoffeln schälen, kochen und noch heiß passieren.

2 Mehl, Eiklar und Olivenöl dazugeben und noch warm zu einem weichen Teig verarbeiten.

3 Tortenform mit Backpapier auslegen, Boden mit Kartoffelteig bedecken und den Rand 2 cm hochziehen.

4 Für den Belag Tomatenmark auf den Boden streichen, Gemüse klein schneiden und mit Basilikum, Oregano, Peffer und Salz würzen.

5 Mozzarella würfelig schneiden und darüber streuen, dann im Rohr bei 200 °C 25–30 Minuten backen.

Dazu reicht man Salat.

Kohlrouladen mit Reisfülle

4 Portionen à 3 BE

500 g Kohl, 20 g Öl
125 ml Magerjoghurt
60 g Zwiebeln
2 Knoblauchzehen
150 g Naturreis (roh)
Salz, Bohnenkraut, Pfeffer

Nährwerte pro Portion:	
BE	3
kcal	251
kJ	1050
EW/g	5
F/g	9
KH/g	35

1 Den Kohlkopf putzen und in siedendem Salzwasser blanchieren, dann vorsichtig 4 schöne Kohlblätter ablösen. Bei den restlichen Kohlblättern das Strunkende wegschneiden und den restlichen Kohl grob schnetzeln.

2 Zwiebeln fein hacken und zusammen mit dem Kohl und dem Knoblauch in Öl anrösten. Das Joghurt dazugeben und alles dicklich einkochen lassen.

3 Den Reis in Salzwasser kochen und unter die Masse mischen, die Gewürze beigeben.

4 In die Mitte der blanchierten Kohlblätter etwa 2–3 Esslöffel der Füllung geben, Blatt fest zusammenrollen und die Kohlrouladen dicht aneinander in eine Auflaufform legen.

5 Im vorgeheizten Rohr ca. 30 Minuten zugedeckt garen.

Dazu passen Tomatensauce und Salzkartoffeln.

Puten-Gemüse-Spieß

4 Portionen à 0 BE

Nährwerte pro Portion:	
BE	0
kcal	153
kJ	639
EW/g	22
F/g	4
KH/g	6

100 g Karotten, 100 g Sellerie
240 g Putenfleisch, 100 g Paprikaschoten
40 g Zwiebeln, 100 g Zucchini
90 g Ananas
80 g Edamer (35 % F. i. Tr.)
Grillgewürz

1 Karotten und Sellerie in große Stücke schneiden und in Salzwasser kernig kochen.

2 Fleisch, Paprika, Zwiebeln, Zucchini und Ananas in große Stücke schneiden und abwechselnd mit den bissfest gekochten Karotten und Sellerie auf einen Holzspieß stecken, dann mit Grillgewürz würzen.

3 Im Backofen grillen und, kurz bevor der Spieß braun wird, mit Käse gratinieren.

Dazu passen sehr gut Folienkartoffeln und ein knackiger Blattsalat.

Putengeschnetzeltes in Frischkäse-Sauce

4 Portionen à 0 BE

Nährwerte pro Portion:

BE	0
kcal	316
kJ	1319
EW/g	40
F/g	13
KH/g	9

500 g Putenbrustfilets, 250 g Champignons
4 Schalotten, 30 g Öl, 250 ml Gemüsesuppe
200 g Kräuter-Frischkäse (fettreduziert)
20 g Vollkornmehl
Salz, Pfeffer, 1 EL Zitronensaft, 1/2 Bd. Petersilie

1 Die Putenbrustfilets in dünne Streifen schneiden, die Champignons putzen, waschen und in Scheiben schneiden.

2 Die Schalotten schälen und fein hacken, anschließend in Öl andünsten.

3 Die Filetstreifen kurz anbraten, die Champignons dazugeben und ebenfalls anbraten, dann alles aus der Pfanne nehmen und warm stellen.

4 Den Bratenfond mit Suppe ablöschen und den Kräuter-Frischkäse unterrühren, in der Sauce schmelzen und verkochen lassen. Das Vollkornmehl mit etwas Wasser glatt rühren und die Sauce damit binden. Mit Salz, Pfeffer und Zitronensaft abschmecken.

5 Das Fleisch und die Champignons in die Sauce geben und mit gehackter Petersilie bestreuen.

Dazu passen Reis und Blattsalate vorzüglich.

Schwammerlgulasch

4 Portionen à 0 BE

Nährwerte pro Portion:	
BE	0
kcal	126
kJ	532
EW/g	5
F/g	10
KH/g	6

80 g Zwiebeln, 40 g Margarine
500 g Champignons, 20 g Tomatenmark
800 ml Gemüsesuppe
Salz, Knoblauch, Paprikapulver, Pfeffer
15 g Mehl

1 Fein gehackte Zwiebeln in der Margarine anrösten.

2 Champignons waschen, putzen, fein blättrig schneiden und zu den Zwiebeln geben.

3 Tomatenmark dazugeben, mit Mehl stauben, mit Gemüsesuppe aufgießen und mit Salz, Knoblauch, Pfeffer und Paprika würzen.

4 Die Champignons dünsten lassen, bis sie weich sind.

Dazu passen Vollkornsemmelknödel.

Spinatnockerln mit Champignonsauce

4 Portionen à 3 BE

Nährwerte pro Portion:	
BE	3
kcal	285
kJ	1193
EW/g	14
F/g	8
KH/g	37

200 g Weizenvollkornmehl, 2 Eier
100 g Cremespinat, 125 ml Magermilch
Mineralwasser nach Bedarf, Salz, Knoblauch
Salzwasser, 40 g Zwiebeln, 250 g Champignons 10 g Öl
125 ml Gemüsesuppe, 20 g Vollkornmehl
125 ml Magermilch, Schnittlauch, Petersilie
Salz, Pfeffer, eventuell Essig, Zitronensaft

1 Mehl, Eier, Cremespinat, Milch, Mineralwasser, Salz und Knoblauch mit dem Mixer zu einem zähflüssigen Teig verrühren und Nockerln in kochendem Salzwasser einkochen.

2 Für die Champignonsauce Zwiebeln fein hacken und Champignons blättrig schneiden.

3 Zwiebeln in Öl anrösten, Champignons kurz mitrösten und mit Gemüsesuppe aufgießen, dann würzen.

4 Vollkornmehl in die kalte Milch rühren und nach ca. 10 Minuten die Champignonsauce damit binden.

5 Nockerln in die Sauce geben und mit Schnittlauch oder Petersilie bestreuen.

Zucchiniauflauf

4 Portionen à 0 BE

200 g Zwiebeln, 10 g Öl, 1200 g Zucchini
120 g mageres Faschiertes (Rind)
Oregano, Salz, Kümmel, Knoblauch, Pfeffer
125 ml Buttermilch, 1 Eidotter
80 g Bergtilsiter (35 % F. i. Tr.), Kräuter

Nährwerte pro Portion:

BE	0
kcal	221
kJ	927
EW/g	20
F/g	11
KH/g	10

1 Fein gehackte Zwiebeln in einer mit Öl bepinselten Teflonpfanne anrösten, blättrig geschnittene Zucchini sowie das Faschierte mitrösten und würzen.

2 Masse in eine leicht beschichtete Auflaufform füllen.

3 Buttermilch mit Dotter, geriebenem Käse und Kräutern vermischen und über den Auflauf gießen.

4 Im vorgeheizten Rohr bei ca. 200 °C etwa 20 Minuten überbacken.

Dazu passen eine warme Joghurtsauce und Petersilkartoffeln vorzüglich.

Aufläufe und warme Mehlspeisen

Apfelnockerln

4 Portionen à 4 BE

Nährwerte pro Portion:	
BE	4
kcal	292
kJ	1220
EW/g	8
F/g	10
KH/g	44

30 g Margarine, 1 Ei
150 g griffiges Weizenmehl
125 ml Magermilch
550 g Äpfel, ca. 1 TL flüssiger Süßstoff, Zitronensaft
Zimt, Streusüße

1 Margarine und Ei flaumig rühren, Mehl und Milch einmengen und kurz vermischen.

2 Mit einem kleinen Löffel Nockerln ausstechen und in siedendes Salzwasser einlegen, 5 Minuten kochen, anschließend abseihen und abschrecken.

3 Äpfel schälen, würfelig schneiden, mit Zitronensaft und Süßstoff abschmecken und mit ein wenig Wasser weich dünsten.

4 Nockerln zu dieser Masse geben und ziehen lassen.

5 Vor dem Servieren mit Zimt und wenig Streusüße bestreuen.

Apfelschmarren

4 Portionen à 2 BE

60 g Weizenvollkornmehl, 60 g glattes Weizenmehl
1 Prise Backpulver, 2 Eier, 250 ml Magermilch
65 ml Mineralwasser
1 Prise Salz, ca. 1 TL flüssiger Süßstoff
100 g in kleine Würfel geschnittener Apfel
Zimt, Zitronensaft, 20 g Pflanzenöl

Nährwerte pro Portion:

BE	2
kcal	228
kJ	955
EW/g	9
F/g	10
KH/g	26

1 Magermilch, Eidotter und Salz versprudeln und mit Süßstoff süßen.

2 Vollkornmehl, glattes Mehl und Backpulver sieben und mit dem Milch-Eidotter-Gemisch verrühren, Mineralwasser dazugeben.

3 Eiklar zu Schnee schlagen und vorsichtig unter die Masse heben.

4 Apfelwürfel mit Zimt und Zitronensaft abschmecken und dazugeben.

5 Die Hälfte des Öls in einer Pfanne erhitzen und die Hälfte des Teiges hineingießen, bei mäßiger Hitze anbacken, wenden und fertig backen. Anschließend mit zwei Gabeln grob zerreißen – die restliche Menge genauso verarbeiten.

Apfel-Topfenknödel

4 Portionen à 4 BE

Nährwerte pro Portion:	
BE	4
kcal	287
kJ	1199
EW/g	17
F/g	4
KH/g	45

200 g Magertopfen, 2 Eier
200 g Äpfel
120 g Brösel
90 g Weizengrieß
ca. 1 TL flüssiger Süßstoff, Zitronensaft, Zimt

1 Äpfel fein reiben und mit Zitronensaft beträufeln.

2 In einer Schüssel Magertopfen, Eier, Äpfel, Brösel, Grieß und Süßstoff zu einer Masse verarbeiten.

3 8 Knödel formen und in Salzwasser ca. 20 Minuten leicht wallen lassen.

4 Knödel mit Zimt bestreuen und servieren.

Grießauflauf mit Äpfeln

4 Portionen à 2 BE

4 Eier, 2 TL flüssiger Süßstoff
60 g Weizengrieß
10 g Backpulver
15 g ungesüßter Kakao
400 g Äpfel, Zitronensaft

Nährwerte pro Portion:

BE	2
kcal	206
kJ	862
EW/g	10
F/g	8
KH/g	22

1 Äpfel waschen, schälen und grob reiben, mit Zitronensaft und Süßstoff abschmecken.

2 Eiklar zu festem Schnee schlagen.

3 Eidotter und Süßstoff schaumig rühren, Grieß, Backpulver, Kakao und Äpfel dazu mischen, zuletzt den Schnee vorsichtig unterheben.

4 Grießmasse in eine befettete Auflaufform füllen. Bei 180 °C im vorgeheizten Backrohr ca. 30–40 Minuten backen.

Grießschmarren

4 Portionen à 3 BE

Nährwerte pro Portion:	
BE	3
kcal	200
kJ	838
EW/g	8
F/g	4
KH/g	32

150 g grober Weizengrieß
500 ml Magermilch
1 Prise Salz, ein Stück Vanilleschote
ca. 1/2 TL flüssiger Süßstoff
10 g Butter

1 Magermilch, Salz und Vanillemark aufkochen und mit Süßstoff süßen.

2 Grieß unter fleißigem Rühren einkochen und dann ausdünsten und anschließend überkühlen lassen.

3 Butter oder Margarine in einer Pfanne zerlassen und die Grießmasse darin goldgelb rösten, mit zwei Gabeln zerreißen.

Man kann auch Rosinen darunter mischen, das erhöht aber den Kohlenhydratanteil! Zwetschkenröster oder Kompott passen sehr gut dazu.

Marillenknödel

4 Portionen à 6 BE

Nährwerte pro Portion:	
BE	6
kcal	523
kJ	2190
EW/g	12
F/g	23
KH/g	64

350 g mehlige Kartoffeln
50 g Butter, 1 Prise Salz
115 g Weizengrieß, 70 g Weizenvollkornmehl, 1 Ei
8 große Marillen ohne Stein (480 g)
Rumaroma, ca. 1 TL flüssiger Süßstoff
60 g Brösel, 50 g Butter, Streusüße

1 Marillen entkernen, mit Rumaroma und Süßstoff marinieren.

2 Kartoffeln kochen, heiß schälen und auf ein leicht bemehltes Nudelbrett passieren, die Butter in Flocken darauf geben.

3 Nach dem Abkühlen die trockenen Zutaten lose darunter mischen, dann das Ei dazugeben und ganz leicht und kurz verkneten. (Kartoffelteig darf nie rasten, sondern muss sofort weiterverarbeitet werden).

4 Aus dem Kartoffelteig eine Rolle formen, in acht Stücke schneiden und die marinierten Marillen darin einwickeln.

5 In siedendes Salzwasser einlegen und 5 Minuten vorsichtig kochen, weitere 5 Minuten ziehen lassen.

6 Brösel in Butter anrösten und die Knödeln darin drehen, mit wenig Streusüße bestreuen.

Milchreis

4 Portionen à 4 BE

Nährwerte pro Portion:	
BE	4
kcal	274
kJ	1144
EW/g	12
F/g	4
KH/g	48

180 g Milchreis (Rundkorn)
1 l Magermilch
etwas Salz
ca. 1 TL flüssiger Süßstoff, Zimt

1 Reis mit Magermilch zustellen, leicht salzen, aufkochen lassen und auf kleiner Flamme weich dünsten.

2 Anschließend ausdünsten lassen.

3 Mit Süßstoff süßen und mit Zimt bestreuen.

Man kann auch verschiedene Obstsorten (Äpfel, Birnen, Erdbeeren, Heidelbeeren ...) darunter mischen (bitte die zusätzlichen BE beachten!).

Milchreis kann man warm oder kalt servieren.

Milchspeisen

4 Portionen à 3 BE

A Grießbrei: 1,5 l Magermilch, 100 g Weizengrieß, ca. 1 TL flüssiger Süßstoff, etwas Salz

B Haferbrei: 1,5 l Magermilch, 120 g Haferflocken, ca. 1 TL flüssiger Süßstoff, etwas Salz

C Polentabrei: 1,5 l Magermilch, 100 g Maisgrieß, ca. 1 TL flüssiger Süßstoff, etwas Salz

D Pudding: 1,5 l Magermilch, 100 g Puddingpulver, ca. 1 TL flüssiger Süßstoff

Nährwerte pro Portion:

	A	B	C	D
BE	3	3	3	3
kcal	258	281	261	263
kJ	1075	1173	1086	1093
EW/g	15	17	15	13
F/g	6	8	6	6
KH/g	36	36	37	40

Für einen Brei:

1 Jeweils Magermilch mit etwas Salz aufkochen.

2 Grieß/Haferflocken/Maisgrieß hinzugeben und unter ständigem Rühren ca. 5 Minuten kochen. Mit Süßstoff abschmecken. Der Brei wird besser, wenn er gut verkocht beziehungsweise ausgequellt ist. Man kann noch etwas Zimt darüber streuen.

Für den Pudding:

1 Das Puddingpulver mit etwas kalter Magermilch glatt rühren. Die restliche Milch zum Kochen bringen.

2 Aufgelöstes Puddingpulver in die kochende Milch einrühren, gut aufkochen lassen und mit Süßstoff abschmecken.

Mohnnudeln

4 Portionen à 4 BE

Nährwerte pro Portion:		
BE	4	**350 g mehlige Kartoffeln, 50 g Butter, 1 Prise Salz**
kcal	542	**110 g Weizengrieß, 80 g Weizenvollkornmehl, 1 Ei**
kJ	2269	**ca. 1 TL flüssiger Süßstoff**
EW/g	15	**100 g Mohn, etwas Zimt**
F/g	34	**50 g Butter**
KH/g	45	**etwas Streusüße**

1 Kartoffeln kochen, heiß schälen und auf ein leicht bemehltes Nudelbrett passieren, anschließend die Butter in Flocken darauf geben.

2 Nach dem Abkühlen die trockenen Zutaten lose darunter mischen, dann das Ei dazugeben und ganz leicht und kurz verkneten (Kartoffelteig darf nie rasten, sondern muss sofort weiterverarbeitet werden).

3 Aus dem Kartoffelteig eine Rolle formen, in kleine Stücke schneiden und zu daumendicken Nudeln auswälzen.

4 In siedendes Salzwasser einlegen und ziehen lassen.

5 Nudeln mit zerlassener Butter übergießen und mit Mohn und Zimt bestreuen. Zuletzt mit etwas Streusüße bestreuen.

Reisauflauf

4 Portionen à 4 BE

210 g Rundkornreis, 200 ml Wasser, 250 ml Magermilch
1 Prise Salz, ca. 1 TL flüssiger Süßstoff
2 Eier, 20 g Butter oder Margarine
Rumaroma, Vanilleschote, Salz
10 g Butter oder Margarine und 15 g Brösel für die Form

Nährwerte pro Portion:	
BE	4
kcal	327
kJ	1368
EW/g	11
F/g	11
KH/g	48

1 Reis mit kaltem Wasser zustellen, aufkochen lassen und auf kleiner Flamme weich dünsten.

2 Milch und Salz einrühren und ausdünsten lassen, anschließend mit Süßstoff süßen.

3 Eiklar zu Schnee schlagen.

4 Butter und Dotter schaumig rühren, Rumaroma und Vanillemark dazugeben, überkühlten Reis untermischen und den Schnee vorsichtig unterheben.

5 Die Masse in eine befettete Auflaufform geben und bei 200 °C im vorgeheizten Backrohr ca. 40–45 Minuten backen.

Die Reismasse kann auch abwechselnd mit Äpfeln, Birnen, Erdbeeren ... in die Form gefüllt und gebacken werden. Bitte die zusätzlichen BE beachten!

Scheiterhaufen mit Äpfeln

4 Portionen à 3,5 BE

Nährwerte pro Portion:	
BE	3,5
kcal	263
kJ	1119
EW/g	11
F/g	7
KH/g	40

160 g Semmeln (4 Stück), 250 ml Magermilch, 3 Eidotter
ca. 1 TL flüssiger Süßstoff, 1 Prise Salz
300 g Äpfel, 20 g Rosinen
Zimt, Zitronensaft, 3 Eiklar
12 g Zucker

1 Semmeln blättrig schneiden. Milch, Eidotter und Salz versprudeln, dann mit Süßstoff süßen. Milch-Eidotter-Gemisch über die Semmeln gießen.

2 Äpfel schälen, fein blättrig schneiden, mit Zimt bestreuen, eventuell mit Süßstoff süßen und mit Zitronensaft beträufeln.

3 Die halbe Semmelmasse in eine befettete Auflaufform geben, die Äpfel darauf geben und mit der restlichen Semmelmasse abschließen. Bei 180 °C ca. 25 Minuten im vorgeheizten Backrohr backen.

4 Die Eiklar zu steifem Schnee schlagen, den Zucker langsam einrieseln lassen und auf dem Scheiterhaufen gleichmäßig verteilen. Nochmals für 10 Minuten ins Rohr geben und überbacken, bis die Schneehaube eine leicht bräunliche Farbe bekommt.

Nach Belieben mit Fruchtmus servieren (BE beachten).

Semmelschmarren

4 Portionen à 3 BE

Nährwerte pro Portion:	
BE	3
kcal	245
kJ	1020
EW/g	11
F/g	7
KH/g	34

220 g Semmeln (5 1/2 Stück), 250 ml Magermilch
2 Eier
etwas Salz
ca. 1 TL flüssiger Süßstoff
10 g Butter oder Margarine

1 Semmeln mit Rinde blättrig schneiden.

2 Magermilch, Eier und Salz versprudeln, mit Süßstoff süßen und über die Semmelscheiben gießen, dann anziehen lassen.

3 Butter oder Margarine in einer Pfanne erhitzen, Semmelmasse hineingeben, anbacken, zerreißen und dann fertig rösten.

Man kann auch Rosinen darunter mischen, das erhöht aber die Kohlenhydrate! Zwetschkenröster oder Kompott passen sehr gut dazu (ebenfalls BE beachten).

Topfenknödel

4 Portionen à 2 BE

50 g Margarine, 2 Eier
60 g Weizengrieß, 60 g Brösel
500 g Magertopfen
ca. 1 TL flüssiger Süßstoff
1 Prise Salz, Streusüße

Nährwerte pro Portion:

BE	2
kcal	327
kJ	1367
EW/g	25
F/g	14
KH/g	26

1 Eiklar zu Schnee schlagen.

2 Margarine und Dotter flaumig rühren.

3 Topfen, Grieß und Bröseln dazugeben und mit Süßstoff süßen, dann etwas anziehen lassen.

4 Eiklar zu Schnee schlagen und vorsichtig unter die Masse heben.

5 Acht Knödeln formen und 15–20 Minuten in leicht gesalzenem Wasser wallen lassen.

6 Auf Tellern beliebig anrichten und mit Streusüße bestreuen.

Dazu passen sehr gut Kompott oder Fruchtmus (BE beachten).

Kuchen und Rouladen

Apfel-Mohn-Kuchen

12 Stück à 1 BE

Nährwerte pro Stück:	
BE	1
kcal	133
kJ	556
EW/g	6
F/g	7
KH/g	12

50 g Zucker, ca. 1/2 TL flüssiger Süßstoff
200 g geriebene Äpfel
120 g gemahlener Mohn
100 g Weizenmehl, 10 g Backpulver, 4 Eier
geriebene Zitronenschale, Zitronensaft, Zimt, Vanilleschote

1 Eiklar zu Schnee schlagen.

2 Dotter mit Zucker, Süßstoff und Vanillemark schaumig schlagen.

3 Äpfel grob reiben und mit Zitronenschale, Zitronensaft und Zimt abschmecken. Mehl mit Backpulver vermischen und abwechselnd mit Mohn, Äpfeln und Schnee unter die Dottermasse heben.

4 Masse in eine befettete, bebröselte Kastenform füllen und bei 180 °C im vorgeheizten Backrohr ca. 45 Minuten backen.

Apfel-Topfen-Kuchen

10 Stück à 1 BE

2 Eier
50 g Butter oder Margarine, 400 g Magertopfen
60 g Weizengrieß, 15 g Puddingpulver (Vanille)
10 g Backpulver, ca. 1 1/2 TL flüssiger Süßstoff
Zitronensaft, Zitronenschale, 1 Prise Salz
500 g Äpfel

Nährwerte pro Stück:

BE	1
kcal	136
kJ	571
EW/g	8
F/g	6
KH/g	13

1 Eiklar zu Schnee schlagen.

2 Butter oder Margarine flaumig rühren und mit Eidottern, Magertopfen, Grieß, Puddingpulver, Backpulver, Zitronensaft und -schale, Salz und Süßstoff gut vermischen.

3 Die kleinwürfelig geschnittenen Äpfel abwechselnd mit dem Schnee vorsichtig unter die Masse heben.

4 Masse in eine befettete Kastenform füllen und bei 180 °C im vorgeheizten Backrohr ca. 45 Minuten backen.

Bananenschnitten

8 Stück à 1 BE

Nährwerte pro Stück:	
BE	1
kcal	115
kJ	483
EW/g	8
F/g	4
KH/g	13

40 g Weizenvollkornmehl, 30 g Weizenmehl
5 g Backpulver, 4 Eier, 25 g Zucker
ca. 1 TL flüssiger Süßstoff, Vanilleschote
150 g Magertopfen, 50 ml Magerjoghurt
100 g Bananen (ohne Schale), Zitronensaft
nur ein paar Tropfen flüssiger Süßstoff, 3 Blatt Gelatine

1 Eiklar zu Schnee schlagen.

2 Eidotter, Zucker, Süßstoff und Vanillemark schaumig rühren, Mehl mit Backpulver mischen, sieben und unter die Masse mengen, zuletzt den Schnee vorsichtig unterheben. Die Masse auf ein mit Backpapier belegtes Backblech streichen und bei 180 °C im vorgeheizten Backrohr ca. 10–15 Minuten backen.

3 Für die Fülle Topfen mit Joghurt glatt rühren und mit Süßstoff süßen. Bananen mit einer Gabel zerdrücken und unter die Topfenmasse geben.

4 Gelatine in kaltem Wasser einweichen, herausnehmen und ausdrücken. Zitronensaft mit etwas Wasser erwärmen und die Gelatine darin auflösen. Topfenmasse in die erwärmte Gelatine geben und durchmischen.

5 Erkalteten Biskuitboden in zwei gleiche Hälften teilen, auf einen die Topfenmasse geben, den anderen Teil darauf setzen und kalt stellen.

Biskuitomelette

4 Portionen à 1,5 BE

3 Eier, 50 g Weizenmehl, 10 g Maisstärke
3 Prisen Backpulver, 12 g Zucker, Salz
100 g Magertopfen, 125 ml Schlagobers
ca. 1 1/2 TL flüssiger Süßstoff
etwas Zitronensaft, 200 g Erdbeeren

Nährwerte pro Stück:	
BE	1,5
kcal	272
kJ	1139
EW/g	11
F/g	16
KH/g	19

1 Eiklar mit Salz zu Schnee schlagen, Eidotter und Zucker schaumig rühren. Mehl, Maisstärke und Backpulver sieben und unter die Dottermasse rühren.

2 Schnee vorsichtig unter die Masse heben. Auf ein mit Backpapier belegtes Backblech acht gleich große Omeletten spritzen.

3 Bei 180 °C 5–10 Minuten im vorgeheizten Backrohr backen.

4 Magertopfen mit Süßstoff und Zitronensaft abschmecken und mit dem steif geschlagenen Schlagobers vermengen. Die Erdbeeren waschen, zerkleinern und unter die Topfencreme mischen.

5 Eine Hälfte mit Topfenmasse bestreichen, die zweite Hälfte darüber klappen.

Biskuitroulade

12 Stück à 1 BE

Nährwerte pro Stück:	
BE	1
kcal	100
kJ	419
EW/g	7
F/g	3
KH/g	12

40 g Weizenvollkornmehl, 90 g Weizenmehl, 4 Eier
50 g Zucker, ca. 1/2 TL flüssiger Süßstoff
250 g Magertopfen, 50 ml Magerjoghurt
ca. 1/2 TL flüssiger Süßstoff, Zitronensaft
3 Blatt Gelatine

1 Eiklar mit Zucker zu Schnee schlagen (Zucker erst dazugeben, wenn das Eiklar schon etwas steif ist). Eidotter und Süßstoff vermischen und unter die Masse rühren, Mehl sieben und vorsichtig unterheben. Masse auf ein mit Backpapier belegtes Backblech streichen und bei 180 °C im vorgeheizten Backrohr ca. 10–12 Minuten backen.

2 Für die Topfenmasse den Topfen und das Joghurt glatt rühren und mit Süßstoff abschmecken. Gelatine in kaltem Wasser einweichen, herausnehmen und ausdrücken. Zitronensaft mit etwas Wasser erwärmen und die Gelatine darin auflösen. Topfen in kleinen Mengen in die erwärmte Gelatine geben und durchmischen.

3 Ein Geschirrtuch auf die Arbeitsfläche legen, die Teigplatte darauf stürzen und einrollen. Erkaltete Roulade füllen und in 12 gleich große Stücke teilen.

Zum Servieren kann man die Rouladenstücke auch umlegen und mit Früchten der Saison belegen (BE beachten).

Gugelhupf aus Germteig

14 Stück à 1 BE

Nährwerte pro Stück:	
BE	1
kcal	95
kJ	398
EW/g	3
F/g	4
KH/g	12

120 g Weizenvollkornmehl, 90 g Weizenmehl, 15 g Germ
125 ml lauwarme Magermilch, 2 Eidotter
50 g Butter oder Margarine
ca. 2 TL flüssiger Süßstoff, 30 g Rosinen, Vanilleschote
geriebene Zitronenschale (unbehandelt)
1 Prise Salz

1 Dampfl zubereiten: Germ in 60 ml lauwarmer Milch auflösen und mit 50 g Mehl vermengen (bis ein dickflüssiger Teig entsteht, zugedeckt an einem warmen Ort ca. 15 Minuten gehen lassen).

2 Butter, Vanillemark, Salz und Zitronenschale flaumig rühren, Dotter nach und nach dazugeben.

3 Dampfl mit Milch, Mehl und Abtrieb zu einem Teig verarbeiten und dann die Rosinen darunter mischen.

4 Zu zwei Dritteln in eine befettete Gugelhupfform einfüllen und noch einmal ca. 10 Minuten gehen lassen.

5 Bei 180 °C im vorgeheizten Backrohr ca. 40–45 Minuten backen.

6 Damit der Gugelhupf nicht austrocknet, ist es notwendig, eine feuerfeste Schale mit Wasser ins Rohr zu stellen.

Kirschkuchen

14 Stück à 1 BE

100 g Weizenvollkornmehl, 60 g Weizenmehl
30 g Mandeln
75 g Butter oder Margarine, 5 Eier
350 g Kirschen (ohne Stein), Zitronensaft, Zimt
ca. 1 1/2 TL flüssiger Süßstoff, Vanilleschote
Rumaroma

Nährwerte pro Stück:	
BE	1
kcal	137
kJ	572
EW/g	5
F/g	8
KH/g	11

1 Kirschen mit Zitronensaft und Rumaroma marinieren.

2 Eiklar zu festem Schnee schlagen.

3 Eidotter mit Butter und Süßstoff schaumig schlagen und mit Mehl und Mandeln vermengen. Anschließend Schnee und Kirschen vorsichtig unterheben.

4 Masse in eine befettete, bemehlte Kastenform füllen.

5 Bei 180 °C im vorgeheizten Backrohr ca. 30–40 Minuten backen.

Kokoskuchen

8 Stück à 2 BE

Nährwerte pro Stück:	
BE	2
kcal	332
kJ	1388
EW/g	7
F/g	24
KH/g	24

100 g Weizenvollkornmehl, 120 g Weizenmehl
8 g Backpulver, 100 g Kokosflocken
120 g Butter oder Margarine, 36 g Zucker
ca. 1/2 TL flüssiger Süßstoff, 3 Eier, 50 ml Magermilch
Zitronensaft, Vanilleschote

1 Eiklar zu Schnee schlagen.

2 Butter oder Margarine mit Zucker, Süßstoff, Eidottern, Zitronensaft und Vanillemark flaumig rühren.

3 Mehl mit Backpulver vermischen, abwechselnd Mehl, Kokosflocken und Schnee unterheben.

4 Masse in eine befettete und mit Kokosflocken ausgekleidete Kastenform füllen.

5 Bei 180 °C im vorgeheizten Backrohr ca. 50–60 Minuten backen.

Marillenfleck

10 Stück à 2 BE

3 Eier, 120 g Butter oder Margarine, 50 g Zucker
ca. 1 TL flüssiger Süßstoff, 240 g Weizenvollkornmehl
10 g Backpulver, 30 ml Rum, Zitronensaft
60 ml Mineralwasser, 30 ml Magermilch
480 g Marillen (ohne Stein)

Nährwerte pro Stück:

BE	2
kcal	238
kJ	998
EW/g	6
F/g	13
KH/g	24

1 Eiklar zu Schnee schlagen.

2 Butter oder Margarine mit Zucker, Süßstoff und Eidottern flaumig rühren.

3 Mehl mit Backpulver vermischen und abwechselnd Flüssigkeit, Mehl und Schnee unterheben.

4 Masse auf ein befettetes, bemehltes Backblech streichen und mit entsteinten Marillenhälften belegen.

5 Bei 180 °C im vorgeheizten Backrohr ca. 25–30 Minuten backen.

Marmorgugelhupf

10 Stück à 2 BE

Nährwerte pro Stück:	
BE	2
kcal	382
kJ	1522
EW/g	9
F/g	25
KH/g	25

200 g Weizenvollkornmehl, 90 g Weizenmehl
8 g Backpulver, 150 g geriebene Haselnüsse, 50 g Zucker
ca. 1 TL flüssiger Süßstoff, 150 g Butter oder Margarine
4 Eier, 20 g Kakao (ungezuckert), Vanilleschote
Zitronensaft, Zimt, etwas Streusüße

1 Eiklar zu Schnee schlagen.

2 Butter oder Margarine flaumig rühren, Vanillemark, Zitronensaft, Zucker, Süßstoff und Dotter darunter mengen, Mehl und Backpulver vermischen, sieben und abwechselnd mit den Haselnüssen unter die Masse arbeiten, eventuell etwas Mineralwasser dazugeben, falls die Masse zu fest sein sollte. Zuletzt den Schnee vorsichtig unterheben.

3 Masse in zwei Hälften teilen, einen Teil in eine befettete, bemehlte Gugelhupfform füllen, die übrige Masse mit Kakao und Zimt vermischen und auch in die Form füllen, mit einer Gabel leicht vermischen, sodass ein Marmormuster entsteht.

4 Bei 180 °C im vorgeheizten Backrohr ca. 50–60 Minuten backen. Überkühlt aus der Form stürzen und mit wenig Streusüße bestreuen.

Orangenkuchen

9 Stück à 1 BE

Nährwerte pro Stück:	
BE	1
kcal	168
kJ	717
EW/g	4
F/g	11
KH/g	12

160 g Weizenvollkornmehl, 8 g Backpulver
100 g Butter oder Margarine, 2 Eier, unbehandelte Orange
Zitronensaft, ca. 1 1/2 TL flüssiger Süßstoff
125 ml Orangensaft und etwas Rum zum Tränken

1 Eiklar zu Schnee schlagen.

2 Butter oder Margarine flaumig rühren, Süßstoff, Orangenschale und Eidotter nach und nach dazugeben.

3 Mehl mit Backpulver vermischen, sieben und abwechselnd mit dem Zitronensaft mit der Masse vermischen, den Schnee vorsichtig unterheben.

4 Masse in eine befettete, bemehlte Kastenform füllen und bei 175 °C im vorgeheizten Backrohr ca. 35 Minuten backen.

5 Kuchen noch heiß mit einem Holzspieß anstechen und mit Orangensaft-Rum-Gemisch beträufeln.

Reindling, gefüllt

10 Stück à 2 BE

20 g Germ, 125 ml Magermilch, 100 g Weizenvollkornmehl
150 g griffiges Weizenmehl, ca. 100 ml Wasser, 5 g Salz
2 Eidotter, ca. 2 TL flüssiger Süßstoff, geriebene Zitronenschale
30 g Weizenvollkornmehl zum Ausarbeiten, 30 g grob gehackte Walnüsse, 20 g grob gehackte Haselnüsse, 40 g Marillenmarmelade, 20 g Rosinen, 10 g Butter oder Margarine
5 g Zimt, ca. 1 TL flüssiger Süßstoff, 1 Eidotter zum Bestreichen

Nährwerte pro Stück:

BE	2
kcal	174
kJ	717
EW/g	6
F/g	6
KH/g	24

1 Dampfl zubereiten: Germ in lauwarmer Milch auflösen und mit 100 g Mehl vermengen (bis ein dickflüssiger Teig entsteht, zugedeckt an einem warmen Ort ca. 15 Minuten gehen lassen).

2 Das lauwarme Wasser mit Eidotter, Salz und Süßstoff versprudeln. Mehl, Zitronenschale, Vanillemark und Dampfl verarbeiten, langsam das Wasser-Dotter-Gemisch dazugeben und zu einem glatten Teig verkneten.

3 Teig zugedeckt gehen lassen, bis er sich um die Hälfte vergrößert hat. Teig kleinfingerdick ausrollen und mit der mit Süßstoff vermischten Marmelade bestreichen.

4 Mit gehackten Nüssen, Rosinen, Zimt und Butter- oder Margarineflocken bestreuen, dicht einrollen und in eine befettete Kranzform geben, mit Eidotter bestreichen.

5 Bei 180 °C im vorgeheizten Backrohr ca. 45–50 Minuten backen. Damit der Reindling nicht austrocknet, ist es notwendig, eine feuerfeste Schale mit Wasser ins Rohr zu stellen.

Torten und Strudel

Apfelstrudel, mürb

13 Stück à 2 BE

Nährwerte pro Stück:	
BE	2
kcal	169
kJ	704
EW/g	4
F/g	6
KH/g	23

100 g Weizenvollkornmehl, 150 g Weizenmehl, 80 g Butter
25 g Zucker, ca. 1/2 TL flüssiger Süßstoff, 1 Eidotter
125 ml Magermilch, 3 Prisen Backpulver
650 g Äpfel, 40 g Rosinen, ca. 1 TL flüssiger Süßstoff
Zimt, Zitronensaft
1 Ei zum Bestreichen

1 Butter, Zucker, Süßstoff und Eidotter verrühren, die Hälfte des Mehles und die Milch dazu mischen.

2 Restliches Mehl mit Backpulver versieben und die Masse kurz zusammenkneten.

3 Nicht rasten lassen!

4 Teig auf einer bemehlten Arbeitsfläche zu einem Rechteck ausrollen.

5 Fein gehobelte Äpfel mit Süßstoff und Zitronensaft beträufeln, auf das mittlere Drittel des Teiges verteilen und Rosinen und Zimt darüber streuen.

6 Die beiden äußeren Teighälften zur Mitte hin einschlagen und den Strudel auf ein mit Backpapier belegtes Backblech legen.

7 Mit Ei bestreichen und bei 180 °C ca. 30–40 Minuten backen.

Apfelmustorte

12 Stück à 1 BE

Nährwerte pro Stück:	
BE	1
kcal	124
kJ	521
EW/g	4
F/g	6
KH/g	13

80 g Weizenvollkornmehl, 3 Prisen Backpulver
50 g Zucker, 4 Eier, 40 g Pflanzenöl
40 ml lauwarmes Wasser, Vanilleschote
400 g Apfelmus, ca. 1 TL flüssiger Süßstoff
Zitronensaft, 4 Blatt Gelatine, Zimt

1 Eiklar zu Schnee schlagen.

2 Eidotter, Öl, lauwarmes Wasser, Zucker und Vanillemark schaumig schlagen.

3 Mehl mit Backpulver vermischen, sieben und unter die Dottermasse mischen, Schnee vorsichtig unterheben, Masse in eine befettete Form füllen.

4 Bei 170 °C im vorgeheizten Backrohr ca. 40–50 Minuten backen.

5 Gelatine in kaltem Wasser einweichen, herausnehmen und dann ausdrücken. Zitronensaft mit etwas Wasser erwärmen und die Gelatine darin auflösen.

6 Apfelmus, wenn notwendig, mit Süßstoff süßen, in die erwärmte Gelatine geben und durchmischen, dann über die ausgekühlte Torte gießen und einige Stunden kalt stellen. Vor dem Servieren leicht mit Zimt bestreuen.

Karotten-Mandel-Torte

12 Stück à 1 BE

40 g Weizenvollkornmehl, 60 g Weizenmehl
45 g Puddingpulver, 100 g fein geriebene Mandeln
150 g fein geriebene Karotten
4 Eier, 6 EL heißes Wasser
36 g Zucker, ca. 1 TL flüssiger Süßstoff

Nährwerte pro Stück:

BE	1
kcal	133
kJ	557
EW/g	5
F/g	7
KH/g	13

1 Eiklar zu festem Schnee schlagen.

2 Eidotter, Wasser, Zucker und Süßstoff schaumig schlagen.

3 Mehl mit Puddingpulver vermischen und abwechselnd Mandeln, Mehl, Schnee und Karotten unter die Masse heben.

4 Masse in eine befettete und bemehlte Form füllen und bei 180 °C im vorgeheizten Backrohr ca. 45 Minuten backen.

Nussstrudel aus Germteig

14 Stück à 1 BE

Nährwerte pro Stück:	
BE	1
kcal	144
kJ	595
EW/g	4
F/g	8
KH/g	12

120 g Weizenvollkornmehl, 90 g Weizenmehl, 15 g Germ
50 ml Magermilch, 40 g zerlassene Butter oder Margarine
etwas Wasser, 1 Eidotter, Salz, ca. 1 TL flüssiger Süßstoff
100 g geriebene Nüsse, 30 g Rosinen, 60 ml Magermilch
1 EL Rum, ca. 1 TL flüssiger Süßstoff
1 Ei zum Bestreichen, Streusüße

1 Für das Dampfl die Germ in lauwarmer Milch auflösen und mit 100 g Mehl vermengen. Zugedeckt an einem warmen Ort ca. 15 Minuten gehen lassen, bis ein dickflüssiger Teig entsteht. Wasser, Eidotter, Salz und Süßstoff versprudeln. Mehl und Dampfl verarbeiten, langsam das Wasser-Dotter-Gemisch und Butter oder Margarine dazugeben und zu einem glatten Teig verkneten. Teig zugedeckt gehen lassen, bis er sich um die Hälfte vergrößert hat.

2 Für die Fülle die Rosinen in Rum marinieren. Milch aufkochen, geriebene Nüsse darunter mischen, auskühlen lassen, Rosinen zur Nussmasse geben und mit Süßstoff süßen.

3 Teig fingerdick ausrollen, mit Fülle bestreichen und zusammenrollen.

4 In eine befettete Kastenform legen, noch einmal gehen lassen und mit Ei bestreichen. Bei 180 °C im vorgeheizten Backrohr ca. 40–45 Minuten backen. Vor dem Servieren mit wenig Streusüße bestreuen.

Schwarzplententorte (Buchweizentorte)

20 Stück à 1 BE

Nährwerte pro Stück:	
BE	1
kcal	185
kJ	777
EW/g	5
F/g	13
KH/g	12

150 g Buchweizen (grob gerieben), 10 g Backpulver
180 g geriebene Mandeln oder Nüsse
140 g Butter oder Margarine, 70 g Zucker
ca. 1 TL flüssiger Süßstoff, 4 Eier, Zitronensaft
Vanilleschote, 80 g Preiselbeermarmelade zum Bestreichen
40 g Mandelblättchen zum Verzieren

1 Eiklar zu steifem Schnee schlagen.

2 Butter oder Margarine flaumig rühren, Zucker, Süßstoff, Zitronensaft, Vanillemark und Eidotter nach und nach einrühren.

3 Buchweizenmehl mit Backpulver vermischen und abwechselnd mit den Mandeln unter den Abtrieb mischen, den Schnee vorsichtig unterheben.

4 In eine befettete und bemehlte Tortenform füllen und bei 180 °C im vorgeheizten Backrohr ca. 45–60 Minuten backen.

5 Ausgekühlte Torte durchschneiden, mit Preiselbeermarmelade füllen und den Tortendeckel ebenfalls damit bestreichen. Mit gerösteten Mandelblättchen verzieren.

Wenn Sie auf Mandelblättchen verzichten, sparen Sie ca. 230 kcal!

Topfentorte

12 Stück à 1,5 BE

Nährwerte pro Stück:	
BE	1,5
kcal	172
kJ	721
EW/g	8
F/g	7
KH/g	18

70 g Butter oder Margarine, 3 Eier, etwas Zitronensaft
50 g Zucker, ca. 1 TL flüssiger Süßstoff
60 g Weizenvollkornmehl, 90 g Weizenmehl, 8 g Backpulver
2 EL Milch, etwas Wasser nach Bedarf, 500 ml Magermilch
45 g Puddingpulver (Vanille), 250 g Magertopfen, Vanilleschote
6 Blatt Gelatine, ca. 1 1/2 TL flüssiger Süßstoff, Zitronensaft

1 Eiklar zu steifem Schnee schlagen. Butter oder Margarine flaumig rühren, anschließend Zucker, Süßstoff, Zitronensaft und Dotter nach und nach einrühren. Mehl mit Backpulver vermischen und unter den Abtrieb mischen, ebenso den Schnee vorsichtig unterheben. Die Masse in eine befettete und bemehlte Tortenform füllen und bei 180 °C im vorgeheizten Backrohr ca. 20–25 Minuten backen.

2 Für die Topfenmasse den Topfen mit etwas Mineralwasser verrühren. Puddingpulver mit etwas kalter Magermilch glatt rühren und die restliche Milch zum Kochen bringen. Aufgelöstes Puddingpulver in die kochende Milch einrühren, gut aufkochen lassen und mit Süßstoff abschmecken.

3 Gelatineblätter in kaltem Wasser einweichen, herausnehmen und ausdrücken. Zitronensaft mit etwas Wasser erwärmen und die Gelatine darin auflösen, dann den Topfen in kleinen Mengen in die erwärmte Gelatine geben und durchmischen, anschließend Topfen und Pudding gut miteinander vermischen.

4 Topfenmasse auf den ausgekühlten Tortenboden streichen, eventuell etwas Masse zum Verzieren in einen Spritzsack füllen und kleine Rosetten aufspritzen.

Zucchinitorte

12 Stück à 1 BE

100 g Weizenvollkornmehl, 10 g Backpulver
100 g Semmelbrösel, 150 g geriebene Mandeln
250 g geriebene Zucchini, 20 g Weizenkleie
5 Eier, ca. 50 ml lauwarmes Wasser
ca. 2 TL flüssiger Süßstoff, Zitronensaft

Nährwerte pro Stück:

BE	1
kcal	170
kJ	715
EW/g	8
F/g	10
KH/g	12

1 Eiklar zu steifem Schnee schlagen.

2 Dotter, lauwarmes Wasser, Zitronensaft und Süßstoff schaumig schlagen, anschließend fein geraspelte Zucchini, Semmelbrösel, Weizenkleie und geriebene Mandeln untermischen.

3 Mehl mit Backpulver vermischen, sieben und unterziehen, zuletzt den Schnee vorsichtig unterheben.

4 Masse in eine befettete Tortenform füllen und bei 180 °C im vorgeheizten Rohr ca. 40–45 Minuten backen.

Kekse und Kleingebäck

Haferflockenkekse

Gesamtmenge: 10 BE

Nährwerte gesamt:	
BE	10
kcal	1245
kJ	5212
EW/g	42
F/g	67
KH/g	118

200 g Haferflocken, 50 g Margarine
2 Eier, Wasser nach Bedarf
1 Prise Zimt, 1 Prise Nelkenpulver
5 g Backpulver
ca. 1 1/2 TL flüssiger Süßstoff

1 Haferflocken, Backpulver, Zimt, Nelkenpulver, Margarine, Eier, Wasser nach Bedarf und Süßstoff rasch zu einem Teig verarbeiten.

2 Teig mindestens 30 Minuten im Kühlschrank rasten lassen.

3 Teig ca. 3 mm dick ausrollen, 40 gleich große Formen ausstechen und auf ein mit Backpapier belegtes Backblech setzen.

4 Bei 170 °C im vorgeheizten Backrohr ca. 7–10 Minuten backen.

Husarenkrapferln

Gesamtmenge: 24 BE

360 g Weizenvollkornmehl, 240 g Butter oder Margarine
ca. 2 TL flüssiger Süßstoff, 3 Eidotter, 1 Vanilleschote
etwas geriebene Zitronenschale
120 g Marmelade, 3 Blatt Gelatine, etwas Zitronensaft

Nährwerte gesamt:

BE	24
kcal	3434
kJ	14371
EW/g	60
F/g	226
KH/g	293

1 Mehl, Butter oder Margarine abbröseln, Süßstoff, Eidotter, Vanillemark und Zitronenschale darunter mischen und rasch zu einem Mürbteig verarbeiten.

2 Teig mindestens 30 Minuten im Kühlschrank rasten lassen.

3 Anschließend den Teig zu einer Rolle formen und gleich große Stücke abschneiden. Daraus Kugerln formen, mit dem Kochlöffel eine Vertiefung eindrücken und auf ein mit Backpapier belegtes Backblech setzen.

4 Bei 200 °C im vorgeheizten Backrohr ca. 15 Minuten backen.

5 Marmeladefülle: Gelatine in kaltem Wasser einweichen, herausnehmen und ausdrücken. Zitronensaft mit etwas Wasser erwärmen und die Gelatine darin auflösen Marmelade in die erwärmte Gelatine geben und durchmischen, dann in die Vertiefung der Kekse füllen.

Linzer Augen

Gesamtmenge: 18 BE

Nährwerte gesamt:	
BE	18
kcal	2088
kJ	8741
EW/g	39
F/g	117
KH/g	220

240 g Weizenvollkornmehl, 16 g Backpulver, 36 g Zucker
10 g Haselnüsse, 120 g Butter oder Margarine
1 Ei, ca. 1/2 TL flüssiger Süßstoff
60 g Marmelade zum Zusammensetzen

1 Mehl, Backpulver, Zucker, Butter oder Margarine abbröseln, Haselnüsse, Süßstoff und Ei darunter mischen und rasch zu einem Mürbteig verarbeiten.

2 Teig mindestens 30 Minuten im Kühlschrank rasten lassen.

3 Teig ausrollen, runde Kekse ausstechen, bei der Hälfte der Kekse in der Mitte ein Loch ausstechen, auf ein mit Backpapier belegtes Backblech setzen.

4 Bei 200 °C im vorgeheizten Backrohr ca. 10–15 Minuten backen.

5 Mit Marmelade bestreichen und zusammensetzen.

Osterpinze

Gesamtmenge: 32 BE

Zutaten	Nährwerte gesamt:	
300 g griffiges Weizenmehl, 200 g Weizenvollkornmehl	BE	32
42 g Germ, ca. 2 TL flüssiger Süßstoff, Vanilleschote	kcal	2558
125 ml lauwarme Magermilch, 125 ml lauwarmes Wasser	kJ	10699
75 g flüssige abgekühlte Margarine oder Butter, 1 TL Salz	EW/g	81
2 Eidotter, geriebene Zitronenschale, 1 Eidotter zum Bestreichen	F/g	91
30 g Weizenvollkornmehl zum Ausarbeiten	KH/g	356

1 Für das Dampfl die Germ in lauwarmer Milch auflösen, mit 100 g Mehl vermengen. Zugedeckt an einem warmen Ort ca. 15 Minuten gehen lassen, bis ein dickflüssiger Teig entsteht. Wasser, Eidotter, Salz und Süßstoff miteinander versprudeln. Mehl, Zitronenschale, Vanillemark und Dampfl verarbeiten, langsam das Wasser-Dotter-Gemisch und Butter oder Margarine dazugeben und zu einem glatten Teig verkneten. Teig zugedeckt gehen lassen, bis er sich um die Hälfte vergrößert hat.

2 Teig zu einer Kugel formen und mit einer Schere von der Mitte aus drei Mal tief einschneiden (es ist auch möglich, 16 gleich große Kugeln zu formen und diese ebenfalls einzuschneiden, 1 kleine Pinze = 2 BE).

3 Auf ein mit Backpapier belegtes Backblech setzen und zugedeckt nochmals ca. 10 Minuten gehen lassen. Mit Dotter bestreichen und bei 180 °C im vorgeheizten Backrohr ca. 40–45 Minuten backen.

Damit die Pinze nicht austrocknet, ist es notwendig, eine feuerfeste Schale mit Wasser ins Rohr zu stellen.

Schwarzweiß-Gebäck

Gesamtmenge: 12 BE

Nährwerte gesamt:	
BE	12
kcal	1918
kJ	8026
EW/g	44
F/g	121
KH/g	164

160 g Weizenvollkornmehl, 90 g Weizenmehl
125 g Butter, 1 Ei, Schale von 1 Zitrone
70 ml Magermilch, 5 g Backpulver
2 TL flüssiger Süßstoff
20 g Kakao (ungezuckert)

1 Aus den angegebenen Zutaten (außer dem Kakao) einen Teig kneten, halbieren und eine Hälfte mit Kakao vermengen.

2 Beide Teige gleich groß ausrollen und aufeinander legen – gemeinsam einrollen und ca. 2 Stunden im Kühlschrank rasten lassen.

3 In 60 Stücke schneiden und auf ein mit Backpapier belegtes Backblech legen.

4 Bei 180 °C im vorgeheizten Backrohr ca. 10–12 Minuten backen.

Spekulatius

Gesamtmenge: 8 BE

Nährwerte gesamt:	
BE	8
kcal	1219
kJ	5098
EW/g	35
F/g	75
KH/g	102

120 g Weizenvollkornmehl, 25 g Zucker
ca. 1/2 TL flüssiger Süßstoff, 30 g Butter oder Margarine
70 ml Magerjoghurt, 1 Eidotter
jeweils 3 Prisen Zimt, Kakao (ungezuckert), Nelkenpulver, Muskatnuss, Lebkuchengewürz
75 g gemahlene Mandeln

1 Mehl und Butter oder Margarine abbröseln, Süßstoff, Zucker, Dotter, Magerjoghurt, Mandeln und Gewürze dazugeben und zu einem Teig verarbeiten.

2 Diesen 30 Minuten kühl rasten lassen, anschließend ausrollen, Formen ausstechen und auf ein mit Backpapier belegtes Backblech geben.

3 Bei 200 °C im vorgeheizten Backrohr ca. 10–15 Minuten backen.

Topfengolatschen

19 Stück à 1 BE

200 g Weizenvollkornmehl, 40 g Weizenmehl, etwas Salz
5 g Trockengerm, ca. 1 TL flüssiger Süßstoff
ca. 125 ml lauwarmes Wasser, 40 g zerlassene Margarine
250 g Magertopfen, 30 g Vanille-Puddingpulver, Zitronensaft
40 g Marmelade, ca. 2 TL flüssiger Süßstoff, 1 Eiklar zum Bestreichen, 30 g Weizenvollkornmehl zum Ausarbeiten

Nährwerte pro Stück:	
BE	1
kcal	84
kJ	350
EW/g	4
F/g	2
KH/g	12

1 Für den Germteig Mehl auf eine Arbeitsfläche sieben, Trockengerm dazugeben und in die Mitte eine Vertiefung drücken. Salz darüber streuen, lauwarmes Wasser, Margarine und Süßstoff versprudeln und in die Mulde geben, dann mit einer Gabel Mehl vom Rand in die Flüssigkeit streuen. So lange rühren, bis alles gründlich vermengt ist. Mit den Händen zu einem glatten Teig verkneten und eine Kugel formen. Den Teig zugedeckt ca. 60 Minuten an einem warmen Ort gehen lassen, bis er sich verdoppelt hat.

2 Für die Fülle Magertopfen, Puddingpulver, Zitronensaft und Marmelade verrühren und mit Süßstoff süßen.

3 Auf einer leicht bemehlten Arbeitsfläche den Teig ausrollen und in 19 gleich große Quadrate teilen.

4 Fülle in die Mitte setzen und die Teigenden in der Mitte zusammen schlagen, die Teigränder mit Eiklar bestreichen. Auf ein mit Backpapier belegtes Blech setzen und bei 200 °C im vorgeheizten Backrohr ca. 15 Minuten backen.

Vanillekipferln

Gesamtmenge: 12 BE

Nährwerte gesamt:	
BE	12
kcal	2810
kJ	11754
EW/g	49
F/g	225
KH/g	146

240 g Weizenvollkornmehl, 200 g Butter oder Margarine
ca. 2 TL flüssiger Süßstoff, 100 g geriebene Mandeln
Vanilleschote
Zitronenschale und -saft
Zimt, Streusüße

1 Butter oder Margarine und Mehl abbröseln, die restlichen Zutaten dazugeben und rasch zu einem Teig verarbeiten.

2 Mindestens 30 Minuten im Kühlschrank rasten lassen.

3 Teig zu einer Rolle formen und Scheiben abschneiden, diese zu Kipferln formen.

4 Kipferln auf ein mit Backpapier belegtes Blech geben und bei 200 °C im vorgeheizten Backrohr ca. 10–12 Minuten backen.

5 Noch warm in Streusüße wälzen.

Desserts, Cremen und Getränke

Erdbeeren in Weingelee

4 Portionen à 0,5 BE

Nährwerte pro Portion:	
BE	0,5
kcal	84
kJ	353
EW/g	3
F/g	0
KH/g	6

400 g Erdbeeren
250 ml Wasser
250 ml trockener Weißwein
6 Blatt Gelatine
Saft von 1/2 Zitrone
ca. 1 TL flüssiger Süßstoff
Zitronenmelisse

1 Erdbeeren verlesen, waschen und zwei Drittel der Beeren mit dem Mixstab pürieren. Mit Wasser und Wein aufkochen, mit etwas Zitronensaft und Süßstoff abschmecken.

2 Gelatineblätter in kaltem Wasser einweichen, herausnehmen, ausdrücken. Zitronensaft mit etwas Wasser erwärmen und die Gelatine darin auflösen.

3 Erdbeerwein in kleinen Mengen in die erwärmte Gelatine geben, die ganzen Erdbeeren dazugeben und durchmischen. In vier kalt ausgespülte Förmchen geben und nach dem Stocken stürzen. Mit Zitronenmelisse garnieren.

Man kann das Gelee auch in Dessertschalen füllen und genießen.

Salzburger Nockerln

4 Portionen à 0,5 BE

Nährwerte pro Portion:	
BE	0,5
kcal	127
kJ	533
EW/g	9
F/g	7
KH/g	6

4 Eier
ca. 4 TL flüssiger Süßstoff
Vanillemark
30 g Weizenvollkornmehl
125 ml Magermilch

1 Eiklar zu Schnee schlagen und mit Süßstoff süßen. Nach und nach Dotter, Vanillemark und Mehl vorsichtig unter den Schnee heben.

2 In eine Auflaufform warme Milch geben, mit einer Teigkarte gleichmäßig große Nockerln in die Form setzen.

3 Bei 200–250 °C im vorgeheizten Rohr ca. 10 Minuten backen, bis die Spitzen braun sind. Sofort servieren (Nockerln fallen schnell zusammen).

Dieses Dessert enthält sehr viel Cholesterin, deshalb sollte es selten genossen werden.

Schwarzwälder Kirschbecher

4 Portionen à 2 BE

250 ml Magermilch, 45 g Schokopuddingpulver
ca. 1 TL flüssiger Süßstoff
330 g Weichseln (Kompottfrüchte ohne Stein und ohne Zucker)
250 ml Kompottsaft
(ohne Zucker, evtl. mit Wasser strecken)
125 ml Magerjoghurt, 10 g Vollmilchschokolade

Nährwerte pro Portion:	
BE	2
kcal	139
kJ	580
EW/g	4
F/g	3
KH/g	24

1 Puddingpulver mit etwas kalter Milch glatt rühren, restliche Milch und Kompottsaft zum Kochen bringen. Aufgelöstes Puddingpulver einrühren und nochmals mindestens 1 Minute unter ständigem Rühren aufkochen, mit Süßstoff abschmecken und auskühlen lassen.

2 Weichseln auf vier Dessertschalen verteilen (vier Früchte zurückbehalten), Schokopudding darüber verteilen, mit Joghurt und den Kirschen garnieren, zum Schluss Schokoladeflocken darüber streuen.

Tofu-Himbeer-Creme

4 Portionen à 0,5 BE

Nährwerte pro Portion:	
BE	0,5
kcal	156
kJ	654
EW/g	12
F/g	8
KH/g	6

400 g Tofu
100 ml Sojamilch
400 g Himbeeren
Saft von 1/2 Zitrone
ca. 1 TL flüssiger Süßstoff
etwas Vanillemark
20 g gehackte Mandeln

1 Himbeeren verlesen, waschen, einige für die Garnitur zurückbehalten und mit dem Mixstab pürieren, durch ein Sieb streichen.

2 Tofu mit Sojamilch und Vanillemark vermischen und mit dem Himbeermus vermengen. Mit Zitronensaft und Süßstoff abschmecken.

3 In vier Dessertschalen anrichten, mit Himbeeren und gehackten Mandeln garnieren.

Apfel-Birnen-Drink

4 Portionen à 1 BE

Nährwerte pro Portion:	
BE	1
kcal	55
kJ	228
EW/g	0
F/g	1
KH/g	12

200 g Äpfel
200 g Birnen
Saft von 1/2 Zitrone
ca. 1 TL Süßstoff
etwas Wasser
750 ml Mineralwasser

1 Äpfel und Birnen in etwas Wasser und Zitronensaft weich dünsten, mit dem Mixstab pürieren, mit Süßstoff abschmecken, ca. 2 Stunden kalt stellen und mit gekühltem Mineralwasser aufgießen. In vier Gläser füllen, eventuell mit Eiswürfel servieren.

Apfel-Buttermilch

4 Portionen à 1 BE

Nährwerte pro Portion:	
BE	1
kcal	71
kJ	293
EW/g	5
F/g	1
KH/g	11

200 g Äpfel
500 ml Buttermilch
ca. 1 TL flüssiger Süßstoff
Saft von 1/2 Zitrone
Zimt

1 Äpfel in Stücke schneiden und mit Zitronensaft beträufeln, mit dem Mixstab nur kurz mixen, sodass noch einige größere Apfelstückchen übrig bleiben (eventuell etwas Wasser dazugeben). Mit Buttermilch vermischen, mit Süßstoff abschmecken. Auf vier Gläser verteilen, mit wenig Zimt bestreuen, servieren.

Apfelpunsch

4 Portionen à 0,5 BE

750 ml kräftiger Schwarztee
100 ml Apfelsaft
100 ml frisch gepresster Orangensaft
Saft von 1 Zitrone
1 Zimtrinde, 2 Nelken
ca. 3 TL flüssiger Süßstoff

Nährwerte pro Portion:	
BE	0,5
kcal	25
kJ	98
EW/g	0
F/g	0
KH/g	5

1 Heißen Schwarztee mit Zimtrinde und Nelken ziehen lassen, mit Apfelsaft, Orangensaft, Zitronensaft und Süßstoff abschmecken. Zimtstange und Nelken entfernen, in vier Tassen füllen und heiß servieren.

Bananen-Buttermilch

4 Portionen à 1 BE

50 g Bananen (ohne Schale)
120 g Marillen (ohne Stein)
500 ml Buttermilch
etwas Vanillemark
ca. 1 TL flüssiger Süßstoff
20 g fein gehackte Walnüsse

Nährwerte pro Portion:	
BE	1
kcal	102
kJ	422
EW/g	6
F/g	4
KH/g	11

1 Marillen und Bananen in Stücke schneiden, mit Buttermilch vermischen und mit dem Mixstab pürieren. Mit etwas Vanillemark und Süßstoff abschmecken, in vier Gläser geben und mit gehackten Walnüssen bestreuen.

Beerenbowle

4 Portionen à 1 BE

Nährwerte pro Portion:	
BE	1
kcal	55
kJ	230
EW/g	1
F/g	0
KH/g	10

500 ml Schwarztee mit Erdbeeraroma
Saft von 1 Zitrone, 200 ml Orangensaft
ca. 3 TL flüssiger Süßstoff
Schale von 1 ungespritzten Zitrone
200 g Himbeeren, 200 g Erdbeeren
1 l Mineralwasser
Zitronenmelisse

1 Ausgekühlten Schwarztee mit Zitronen-, Orangensaft, geriebener Zitronenschale und gewaschenen Beeren vermischen, mit Süßstoff süßen. Mindestens einen halben Tag zugedeckt im Kühlschrank ziehen lassen. Vor dem Servieren mit Mineralwasser aufgießen. Mit Zitronenmelisse garnieren und servieren.

Beeren-Mineral

4 Portionen à 0,5 BE

Nährwerte pro Portion:	
BE	0,5
kcal	37
kJ	153
EW/g	1
F/g	1
KH/g	6

400 g frische Beeren (Erdbeeren, Himbeeren, Ribiseln ...)
Saft von 1 Zitrone
etwas Wasser
750 ml kaltes Mineralwasser
ca. 2–3 TL flüssiger Süßstoff (kommt auf die Beeren an)
4 Plastikspießchen

1 Beeren verlesen und waschen (einige ganze Früchte beiseite geben), mit dem Mixstab und etwas Wasser fein pürieren. Danach durch ein Sieb streichen, mit Zitronensaft und Süßstoff abschmecken. Beerenpüree in vier Gläser aufteilen und mit kaltem Mineralwasser auffüllen. Restliche Beeren auf kleine Plastikspießchen stecken und über den Glasrand legen.

Brombeermilch

4 Portionen à 1 BE

Nährwerte pro Portion:	
BE	1
kcal	131
kJ	450
EW/g	7
F/g	3
KH/g	12

200 g Brombeeren
500 ml Magermilch
250 ml Magerjoghurt
ca. 2 TL flüssiger Süßstoff
Saft von 1/2 Zitrone

1 Brombeeren verlesen und waschen, Zitronensaft dazugeben und mit dem Mixstab pürieren. Magermilch und Magerjoghurt verrühren, Beerenmus dazugeben und mit Süßstoff abschmecken. In vier Gläser füllen und gekühlt servieren.

Buttermilch Erdbeer

4 Portionen à 1 BE

Nährwerte pro Portion:	
BE	1
kcal	82
kJ	337
EW/g	7
F/g	1
KH/g	10

200 g Erdbeeren
750 ml Buttermilch
20 g Haferkleie
ca. 1 TL flüssiger Süßstoff
Zitronenmelisse

1 Erdbeeren verlesen, waschen und mit dem Mixstab pürieren (vier Erdbeeren beiseite geben). Buttermilch und Haferkleie dazugeben und gut durchrühren. In vier Gläser füllen, mit einer Erdbeere und Zitronenmelisse garnieren und gut gekühlt servieren.

Broteinheiten-Tabelle

1 BE (Broteinheit) ist als Schätzwert (10–12 g KH) ohne Anrechnung der Ballaststoffe zu verstehen.

	1 BE entspricht g Nahrungsmittel	Schätzhilfe
GETREIDEKÖRNER, ungekocht		
Amaranth	20	2 EL
Buchweizenkorn, geschält	15	1 gehäufter EL
Gerstenkorn, geschält	15	2 EL
Grünkern-Dinkel, geschält	15	2 EL
Haferkorn	20	2 EL
Hirsekorn	15	1 gehäufter EL
Maiskorn	15	2 EL
Quinoa	20	2 EL
Roggenkorn	20	2 EL
Speisekleie	65	17 EL
Weizenkorn	20	2 EL
MEHLE		
Cornflakes	15	3 EL
Getreideflocken	20	2 gehäufte EL
Grieß (Polenta)	15	1 gehäufter EL
Haferflocken	20	2 gehäufte EL
Mehl griffig, glatt	15	1 gehäufter EL
Müsli-Fertigmischung mit Zucker	15	1 1/2 EL
Müsli-Fertigmischung ohne Zucker	20	2 EL
Vollkornmehl	20	2 EL
STÄRKE		
Kartoffelstärke	15	1 gehäufter EL
Maisstärke	15	1 gehäufter EL
Puddingpulver (Schoko und Vanille)	15	1 gehäufter EL
BROT		
Grahamweckerl	30	1/2 Stück
Knäckebrot	15	2 Scheiben
Kornweckerl	30	1/2 Stück
Milchbrot	20	abwiegen
Mischbrot	25	1/2 Scheibe
Mürbes Kipferl	20	1/2 Stück
Semmel	20	1/2 Stück
Semmelbrösel	15	3 gestrichene EL
Semmelwürfel	15	3 gehäufte EL
Vollkornbrot	30	1/2 Stück
Vollkorntoastbrot	30	1 Stück
Weißbrot, Toastbrot	20	1 Stück
Zwieback	15	2 Stück

	1 BE entspricht g Nahrungsmittel	Schätzhilfe
TEIGE, roh		
Blätterteig, tiefgekühlt	35	abwiegen
Mürbteig, selbst zubereitet	20	abwiegen
Pizzateig, Germteig	25	abwiegen
Plunderteig, tiefgekühlt	35	abwiegen
Strudelteig, tiefgekühlt	15	abwiegen
SUPPENEINLAGEN		
Backerbsen	20	4 EL
Frittaten, getrocknet	20	
Profiteroles	30	
Nudeln, gekocht	50	2 gehäufte EL
KNABBERGEBÄCK + SÜSSES		
Biskotten	15	3 Stück
Butterkekse	20	5 Stück
Chips	25	
Cracker	15	
Erdnussflocken	20	
Salzgebäck	15	17 Solettistangerln
Schokolade	20	
Vollkornkekse	20	5 Stück
BEILAGEN		
Nockerln (Spätzle), gekocht	50	
Polenta, gekocht	50	2 gehäufte EL
Polenta, trocken	15	2 gestrichene EL
Reis (weiß + Naturreis), gekocht	50	2 gehäufte EL
Reis (weiß + Naturreis), roh	15	2 gestrichene EL
Semmelknödel	50	
Teigwaren, gekocht	50	
Teigwaren, roh	15	
Vollkornteigwaren, roh	20	
Vollkornteigwaren, gekocht	60	
KARTOFFELN		
Batate	45	
Kartoffelknödel	50	1 kleiner
Kartoffelkroketten	40	1 mittelgroße
Kartoffeln	70	1 mittelgroße
Kartoffelpüree	100	2 gehäufte EL
Kartoffelpüreeflocken	15	3 EL
Pommes frites, essfertig	35	abwiegen
MILCH		
Kondensmilch, ungezuckert	80	ca. 1/8 Liter
Molke, Kefir	250	1/4 Liter
Sauermilch, Buttermilch, (Mager-)Joghurt	250	1/4 Liter
Voll- und Magermilch	250	1/4 Liter

	1 BE entspricht g Nahrungsmittel	Schätzhilfe
NÜSSE (bis 50 g/Tag frei – hoher Fettgehalt)		
Cashewnüsse	35	2 EL
Maroni	30	5 Stück
GEMÜSE		
Alle Sorten frei		
Hülsenfrüchte	frei	BZ Messung!
Zuckermais, roh	70	3 1/2 EL
OBST		
Ananas, roh	90	1 große Scheibe
Apfel	100	1 kleiner
Banane mit Schale	80	1/2 mittelgroße
Banane ohne Schale	50	
Birne	100	1 kleine
Brombeeren	200	9 EL
Erdbeeren	200	15 mittelgroße
Feige, frisch	80	1 mittelgroße
Grapefruit mit Schale	150	1 kleine
Grapefruit ohne Schale	120	
Heidelbeeren	200	8 EL
Himbeeren	200	12 EL
Holunderbeeren	200	6 EL
Honig-/Zuckermelone mit Schale	110	1 dünne Schnitte
Honig-/Zuckermelone ohne Schale	90	
Johannisbeeren, Schwarz + Weiß	150	8 EL
Johannisbeeren, Ribiseln Rot	200	10 EL
Kaki	70	1 mittelgroße
Kirschen ohne Stein	70	8 Stück
Kirschen mit Stein, roh	80	
Kiwi	110	1 mittelgroße
Litchi	60	5 Stück
Mandarinen mit Schale	130	2 Stück
Mandarinen ohne Schale	100	
Mango	80	1/2 Stück
Marille mit Stein	130	2 mittelgroße
Marille ohne Stein	120	
Maulbeeren	130	
Nektarine mit Stein	120	1 kleine
Nektarine ohne Stein	100	
Orange mit Schale	150	1 mittelgroße
Orange ohne Schale	120	
Pfirsich mit Stein	120	1 kleiner
Pfirsich ohne Stein	100	
Preiselbeeren	170	8 EL
Quitten	140	1 mittelgroße

	1 BE entspricht g Nahrungsmittel	Schätzhilfe
Ringlotten (Reineclaude) ohne Stein	90	3 mittelgroße
Ringlotten mit Stein	100	
Rosinen, Korinthen, Sultaninen	20	
Stachelbeeren	150	20 Stück
Wassermelone mit Schale	230	ca. 1/8 Stück
Wassermelone ohne Schale	150	
Weichseln mit Stein	120	12 Stück
Weichseln ohne Stein	110	
Weintrauben	70	10 mittelgroße
Zwetschke (Pflaume) mit Stein	110	4 kleine oder 2 große
Zwetschke (Pflaume) ohne Stein	100	
Zwetschke, getrocknet	20	
OBSTVERARBEITUNG		
Dörrobstsorten	20	
Marmeladen, gezuckert	20	
Marmeladen, zuckerreduziert	35	
GETRÄNKE		
Karottensaft	200	knapp 1/4 Liter
Roter Rübensaft	130	knapp 1/8 Liter
Tomatensaft	350	1 Seidel
Obstsäfte naturrein, ungezuckert	100 ml	knapp 1/8 Liter
Limonaden mit künstlichem Süßstoff	frei	siehe Analyse
Limonaden	100 ml	nur bei Hypo
Fruchtsirup	15 ml	nur bei Hypo
ALKOHOLIKA		
nur nach Rücksprache mit dem Arzt		
Bier	300	1 Seidel
alkoholfreies Bier	200	knapp 1/4 Liter
Malzbier	ungeeignet	
Likör	ungeeignet	
ZUCKER		
in isolierter Form nicht empfehlenswert		
Haushaltszucker	12	
Honig	15	
Traubenzucker	12	
ZUCKERAUSTAUSCHSTOFFE		
nicht empfehlenswert		
Fructose	12	
Mannit, Sorbit, Xylit	20	
Süßstoffe, energiefrei	geeignet	
DIABETIKERWAREN		
sind weder notwendig noch wünschenswert wegen ihres hohen Energie- und Fettgehalts.		

FETT-TABELLE

	Portionsgröße	Fett/Port.	Kalorien/Port.
MILCH/MILCHPRODUKTE			
Buttermilch 1% Fett	1/4 l	2,5 g	100
Crème fraîche 36% Fett	1 EL = 20 g	7,2 g	70
Joghurt 1% Fett	1/4 l	2,5 g	110
Joghurt 3,6% Fett	1/4 l	9,0 g	155
Joghurt 3,2% F. m. Früchten, gezuckert	1 Becher = 180 g	5,6 g	170
Kefir 3,6% Fett	1 Becher = 150 g	5,4 g	90
Kondensmilch 10% Fett	1 EL = 15 g	1,5 g	2
Molke natur	1/4 l	0,5 g	60
Sauermilch 3,6% Fett	1/4 l	9,0 g	170
Sauerrahm 15% Fett	1 EL = 20 g	3,0 g	35
Schafmilch	1/4 l	15,8 g	245
Schlagobers 36% Fett	1 EL = 15 g	5,4 g	55
Stutenmilch	1/4 l	3,8 g	120
Vollmilch 3,6% Fett	1/4 l	9,0 g	70
Ziegenmilch	1/4 l	9,8 g	175
KÄSE			
Appenzeller 50% F.i.Tr.	50 g	15,8 g	195
Bavaria Blue 70% F.i.Tr.	50 g	20,0 g	205
Bergkäse 45% F.i.Tr.	50 g	15,0 g	195
Brie 50% F.i.Tr.	50 g	12,8 g	155
Butterkäse 60% F.i.Tr.	50 g	17,4 g	190
Camembert 45% F.i.Tr.	50 g	10,9 g	140
Doppelrahmfrischkäse	50 g	14,0 g	145
Edamer 30% F.i.Tr.	50 g	8,0 g	125
Edamer 45% F.i.Tr.	50 g	14,2 g	175
Emmentaler 45% F.i.Tr.	50 g	15,0 g	195
Gorgonzola	50 g	15,6 g	180
Gouda 40% F.i.Tr.	50 g	11,2 g	150
Körniger Frischkäse	100 g	2,9 g	80
Limburger 20% F.i.Tr.	50 g	4,5 g	95
Mozzarella	50 g	8,1 g	115
Parmesan 32% F.i.Tr.	50 g	12,9 g	195
Raclette 48% F.i.Tr.	50 g	14,0 g	170
Romadur 20% F.i.Tr.	50 g	4,5 g	95
Romadur 30% F.i.Tr.	50 g	7,1 g	115
Schafkäse	50 g	9,4 g	120
Schmelzkäse 20% F.i.Tr.	50 g	5,0 g	95
Schmelzkäse 45% F.i.Tr.	50 g	11,5 g	130

	Portionsgröße	Fett/Port.	Kalorien/Port.
Tilsiter 30% F.i.Tr.	50 g	8,0 g	125
Tilsiter 45% F.i.Tr.	50 g	12,7 g	165
Topfen 40% F.i.Tr.	100 g	11,4 g	160
Topfen 20% F.i.Tr.	100 g	5,1 g	100
Topfen mager	100 g	0,3 g	75
Ziegenkäse 45% F.i.Tr.	50 g	10,9 g	140
EIER			
Ei (Gew.-Klasse 4)	1 Stück	6,2 g	85
Eidotter	1 Stück	6,1 g	70
Eiklar	1 Stück	0,1 g	15
FETTE UND ÖLE			
Baumwollsamenöl	1 EL = 10 g	10,0 g	90
Butter	1 Packerl = 20 g	16,6 g	150
Diätmargarine	1 Packerl = 20 g	16,0 g	145
Erdnussöl	1 EL = 10 g	9,9 g	90
Halbfettmargarine	1 Packerl = 20 g	8,0 g	75
Kokosfett	1 EL = 10 g	9,9 g	90
Maiskeimöl	1 EL = 10 g	10,0 g	90
Majonäse 80% Fett	1 TL = 5 g	3,9 g	35
Majonäse 50% Fett	1 TL = 5 g	2,6 g	25
Olivenöl	1 EL = 10 g	10,0 g	90
Distelöl	1 EL = 10 g	10,0 g	90
Sesamöl	1 EL = 10 g	10,0 g	90
Sonnenblumenöl	1 EL = 10 g	10,0 g	90
Walnussöl	1 EL = 10 g	10,0 g	90
FISCH			
SEEFISCHE			
Dorsch	150 g	0,9 g	115
Flunder	150 g	1,1 g	110
Heilbutt	150 g	3,5 g	150
Hering	150 g	26,7 g	290
Heringsfilet	150 g	22,5 g	310
Makrele	150 g	17,4 g	270
Ostseehering	150 g	13,8 g	235
Rotbarsch	150 g	5,4 g	160
Sardine	150 g	6,8 g	175
Schellfisch	150 g	0,9 g	115
Scholle	150 g	2,9 g	130
Seehecht	150 g	3,8 g	135
Seelachs	150 g	1,2 g	120
Seezunge	150 g	2,1 g	125
Steinbutt	150 g	2,6 g	125
Thunfisch	150 g	23,3 g	340

	Portionsgröße	Fett/Port.	Kalorien/Port.
SONSTIGE MEERESTIERE			
Austern (Fleisch)	100 g	1,2 g	65
Garnele	100 g	1,4 g	85
Hummer	100 g	1,9 g	80
Krebs 80–100 g (= 25 g Krebsfleisch)	25 g	0,1 g	15
Languste (Scampi) ausgelöst	100 g	1,1 g	85
Miesmuschel (Fleisch)	100 g	1,3 g	50
Tintenfisch	150 g	0,8 g	70
SÜSSWASSERFISCHE			
Aal	150 g	36,8 g	420
Barsch	150 g	1,2 g	120
Brassen	150 g	8,3 g	175
Felchen (Renke)	150 g	4,8 g	150
Forelle	150 g	4,1 g	155
Hecht	150 g	1,4 g	125
Karpfen	150 g	7,2 g	175
Lachs	150 g	20,4 g	305
Schleie	150 g	1,1 g	115
Zander	150 g	1,1 g	125
FISCHDAUERWAREN			
Aal, geräuchert	50 g	14,3 g	165
Brathering	125 g	19,0 g	100
Bückling	125 g	19,4 g	280
Flunder, geräuchert	50 g	1,0 g	55
Hering, mariniert	125 g	20,0 g	265
Hering in Gelee	125 g	15,8 g	205
Heringsfilet in Tomatensoße	100 g	15,0 g	205
Kaviar, echt	1 EL = 10 g	1,6 g	25
Kaviar, Ersatz	1 EL = 10 g	0,7 g	10
Lachs, geräuchert	50 g	9,7 g	145
Lachs in Öl	50 g	11,4 g	135
Makrele, geräuchert	50 g	7,8 g	110
Matjeshering	1 Filet = 80 g	18,1 g	215
Ölsardine (ganzer Inhalt)	1 Dose (95 g Fisch)	13,2 g	210
Rotbarsch, geräuchert	50 g	2,8 g	75
Salzhering (Pökelhering)	125 g	19,3 g	275
Schellfisch, geräuchert	50 g	0,3 g	45
Schillerlocken	100 g	24,1 g	300
Seeaal, geräuchert	50 g	3,5 g	85
Seelachs, geräuchert	50 g	0,4 g	50
Seelachs in Öl (Lachsersatz)	50 g	4,0 g	75
Stockfisch (Kabeljau, getrocknet)	50 g	1,3 g	170
Tunfisch in Öl (ganzer Inhalt)	1 Dose = 180 g	37,6 g	510

		Portionsgröße	Fett/Port.	Kalorien/Port.
FLEISCH				
Ente (im Ganzen)		150 g	25,8 g	340
Gans (im Ganzen)		150 g	46,5 g	515
Brathuhn		150 g	14,4 g	250
Pute (im Ganzen)		150 g	10,2 g	225
Putenbrust		150 g	1,5 g	160
Lamm	-kotelett	150 g	48,0 g	520
	-keule	150 g	27,0 g	350
Kalb	-schnitzel/-keule	150 g	2,6 g	145
	-kotelett	150 g	4,7 g	170
Rind	-schlegel	150 g	10,7 g	220
	-schnitzel	150 g	2,9 g	155
	-filet	150 g	6,0 g	180
Schweine	-filet	150 g	3,0 g	155
	-kotelett	150 g	11,4 g	225
	-schnitzel	150 g	2,9 g	160
	-schulter	150 g	33,8 g	405
Faschiertes (halb-halb)		150 g	30,0 g	390
Hase		150 g	4,5 g	170
Hirsch		150 g	5,0 g	170
Kaninchen		150 g	11,4 g	230
Pferd		150 g	4,0 g	160
Reh (Rücken)		150 g	5,4 g	145
Ziege		150 g	11,9 g	225
FLEISCH- UND WURSTWAREN				
Bierschinken		50 g	5,7 g	85
Bratwurst		1 Stück = 150 g	43,2 g	450
Braunschweiger		50 g	18,6 g	195
Leberkäse		100 g	27,5 g	295
Frankfurter Würstchen		1 Paar = 120 g	29,3 g	325
Geflügelwurst, mager		50 g	2,4 g	55
Jagdwurst		50 g	8,1 g	105
Kalbsbratwurst		1 Stück = 150 g	37,5 g	395
Leberpastete		50 g	14,3 g	155
Leberwurst, mager		50 g	10,5 g	130
Mortadella		50 g	16,4 g	175
Blutwurst		100 g	29,0 g	300
Salami		50 g	16,5 g	185
Schinken ohne Fettrand		50 g	1,5 g	75
Speck, durchwachsen		50 g	32,5 g	310

	Portionsgröße	Fett/Port.	Kalorien/Port.
SAMEN UND NÜSSE			
Cashewnüsse	1 EL = 10 g	4,2 g	55
Erdnuss, geröstet	1 EL = 10 g	4,9 g	60
Haselnüsse	10 Kerne = 15 g	9,2 g	95
Kastanie, Maroni	5 Kerne = 30 g	0,6 g	60
Kürbiskerne	1 EL = 20 g	10,0 g	120
Mandeln	10 Kerne = 15 g	8,1 g	85
Mohnsamen	1 EL = 10 g	4,1 g	45
Macadamianuss	1 EL = 10 g	7,3 g	70
Paranuss	3 Kerne = 18 g	12,0 g	120
Pinienkerne	1 EL = 20 g	12,0 g	135
Pistazienkerne	1 geh. EL = 25 g	12,9 g	155
Sesam-Samen	1 EL = 10 g	5,0 g	55
Sonnenblumenkerne	1 geh. EL = 25 g	12,3 g	145
Walnüsse	5 Kerne = 20 g	12,4 g	135
KUCHEN UND TORTEN			
Apfelstrudel	1 Stück = 150 g	7,0 g	235
Buttercremetorte	1 Stück = 120 g	25,0 g	410
Brioche	1 Stück = 70 g	6,0 g	220
Linzer Torte	1 Stück = 70 g	19,0 g	315
Marmorkuchen	1 Stück = 70 g	12,0 g	265
Mohnkuchen	1 Stück = 100 g	15,0 g	330
Nusstorte	1 Stück = 100 g	24,0 g	420
Obstkuchen	1 Stück = 100 g	4,0 g	170
Schokoladetorte mit Schlagobers	1 Stück = 120 g	36,0 g	470
Schwarzwälder Kirschtorte	1 Stück = 140 g	20,0 g	440
DAUERBACKWAREN/KNABBERGEBÄCK			
Butterkekse	1 Stück = 5 g	1,0 g	25
Doppelkekse mit Kakaocremefüllung	1 Stück = 25 g	5,0 g	120
Erdnussflocken/Erdnussflips	25 g	9,0 g	140
Kleingebäck, gemischt	50 g	13,0 g	260
Kartoffelchips	50 g	19,8 g	270
Müslikeks	1 Stück = 5 g	1,0 g	20
SONSTIGES			
Pommes frites, essfertig	150 g	13,0 g	320
Nuss-Nougat-Creme (Nutella)	1 EL = 20 g	6,0 g	105
Hamburger (McDonald's)	1 Stück = 103 g	9,0 g	265
Big Mac (McDonald's)	1 Stück = 212 g	26,0 g	505
Eiscreme	1 Portion = 75 g	9,0 g	155
Fruchteis	1 Portion = 75 g	1,0 g	105
Vollmilchschokolade	1 Tafel = 100 g	32,0 g	540
Diabetiker-Vollmilchschokolade	1 Tafel = 100 g	36,0 g	560

An diese Adressen können sich Diabetiker wenden

Aktive Diabetiker Austria, Wien & NÖ

Postfach 10, A-1194 Wien
Internet: www.aktive-diabetiker.at
Vorsitzender: Dr. Erich Wolfrum, Mittersteig 4/21, A-1050 Wien
Tel.: 01-587 68 94, Fax: 01-587 68 94
E-mail: erichdtto@aon.at

Dachverband der Oberösterreich. Diabetikervereinigungen

Möwenweg 10, A-4030 Linz
E-mail: office@diabetikerooe.at
Präsident: Gerhard Reisinger
Tel.: 0664-83 19 166, Internet: www.diabetikerooe.at

Österreichische Interessengemeinschaft für Diabetiker Burgenland

Franz Friedl, Obere Hauptstraße 1, A-7041 Wulkaprodersdorf
Tel.: 02687-62 819, Fax: 02687-625 54 19 0

Selbsthilfeverein Diabetiker Tirol

Ing. Luis Riedmann, Bichlwang 23, A-6322 Kirchbichl
Tel.: 05332-82 20, Fax: 05332-882 29

Steirische Diabeteshilfe für Kinder und Jugendliche

Vorsitzender: Gert M. Hofmann
Schmiedgasse 36, A-8010 Graz, Tel. & Fax: 0316-83 24 34

Verein für Diabetiker der Universitätskinderklinik Graz

Alois Wagner, Fontanestraße 12, A-8052 Graz
Tel.: 0316-57 80 08, E-mail: office@diabaer.at, Internet: www.diabaer.at

Österreichische Diabetesgesellschaft

Präsident: Prim. Ao. Univ.-Prof. Dr. Michael Roden
Währingerstr. 76/13, A-1090 Wien, Tel.: 0650-770 33 78, Fax: 01-264 52 29
E-mail: oedg@trimedia.at, Internet: www.oedg.org

Österreichische Diabetiker-Vereinigung

Vorsitzende: Anna Mayer
Geschäftsführende Vorsitzende: Gertraud Rametsteiner
Moosstraße 18, A-5020 Salzburg, Tel.: 0662-82 77 22, Fax: 0662-82 92 22
E-mail: oedv.office@aon.at, www.diabetes.or.at

Wien	Martha Frühwirt-Zentrum, Obere Augartenstraße 26–28, A-1020 Wien Tel.: 01-332 32 77, Fax: 01-332 68 28, E-mail: oedv.wien@aon.at
Niederösterreich	Egon Meyer, Klostergasse 35/3/22, A-3100 St. Pölten Tel.: 02742-31 03 82, E-mail: oedv.noe@aon.at
Burgenland	Dr. Günter Rothbauer, A-8382 Krobotek 36 Tel.: 03325-87 70, E-mail: oedv.bgld@diabetes.or.at
Oberösterreich	Tel.: 0662-82 77 22
Steiermark	Elfriede Munda, Thalwinkel 519, A-8051 Graz Tel.: 0316-58 33 10, E-mail: oedv.stmk@diabetes.or.at
Kärnten	Gertraud Rametsteiner, Wiesenweg 3, A-9551 Bodensdorf Tel.: 04243-80 47, Fax: 04243-80 49, E-mail: ramet.meinleben@aon.at
Salzburg	Anna Mayer, Slavi-Soucek-Straße 11/2, A-5026 Salzburg Tel.: 0662-63 03 48, E-mail: oedv.sbg@utanet.at
Tirol	Christine Föger, Oberrain 8, A-6430 Ötztal-Bahnhof Tel.: 05266-87 403, Fax: 05266-87 413, E-mail: oedv.tirol@diabetes.or.at
Vorarlberg	Josef Meusburger, p.A. LKH Feldkirch Carinagasse 47, A-6800 Feldkirch, Tel.: 05522-303 46 50, Fax: 05522-303 75 28, E-mail: joe.meusberger@LkhF.at

Verband der Diaetologen Österreichs

Grüngasse 9/Top 20, 1050 Wien
Tel.: 01-602 79 60, Fax: 01-600 38 24, E-mail: dipl_da_emb@gmx.at
Vorsitzende: Andrea Hofbauer
Internet: www.ernaehrung.or.at

Verband Österreichischer DiabetesberaterInnen

1. Vorsitzende: DGKS Gertraud Sadilek
LKH Hörgas, A-8112 Gratwein
Tel.: 03124-501 40 58 und 0664-390 48 01, Fax: 03124-501 40 03
E-Mail: gertraud.sadilek@diabetesberater.at, Internet: www.diabetesberater.at